もっと知りたいフランス

― 歴史と文化を旅する5章 ―

斎藤　広信
ベルナール・レウルス
著

Bienvenue en France!

駿河台出版社

Préface まえがき

　本書は，長い歴史と伝統を持ち，豊かな文化を生み出してきたフランスについて，日本人とフランス人が共同で執筆した案内書です。ここでは，とくに変わったことや特別なことは取りあげていませんが，「パリだけではないフランス」あるいは「パリから先のフランス」を理解する**第一歩**として，もっと知ってほしいことを述べています。

　本書の内容は目次にあるとおりですが，その構成は大きく3つに分かれます。第1章では，イントロダクションとして，フランス，フランス人，フランス語について基本的なことがらを述べています。第Ⅰ部（フランスを旅する）では，第2章で都市パリの発展の歴史と魅力を，第3章でフランスの多様で豊かな風土と歴史と文化を概観しています。第Ⅱ部（フランスを知る）では，第4章でフランスの市民生活風景を，第5章で変貌する今日の社会を取り上げ，変わらないフランスと変わるフランスを見ていきます。

　ひとくちにフランス文化とかフランス社会と言っても，文学や芸術，モードや食文化，教育や家族事情，宗教や移民問題など，その様相は多様で多岐にわたります。本書では，文学や芸術はごく一部しか取り上げることができませんでしたが，この案内書がフランスの文化に親しみ，社会を理解する次のステップへの橋渡しとなれば，著者としてこれに優る喜びはありません。

　最後に，編集段階でお世話になった駿河台出版社編集部の山田仁氏にお礼申し上げます。

2006年3月　著　者

第2版出版にあたって

　第2版（2008～2014）では，初版の誤植などの訂正を行なうとともに，適宜新しいデータを取り入れました。

2014年9月　著　者

Table des matières 目次

3 まえがき

第 1 章　フランス，フランス人，フランス語
10　1. フランスとフランス人
16　2. フランス語

I フランスを旅する

第 2 章　パ リ
28　1. 歴史の都パリ
36　2. 今日のパリ
42　3. パリを歩く

第 3 章　地　方
52　1. ブルターニュ
56　2. プロヴァンス
60　3. ロマネスクとゴシックの旅
66　4. ロワール川流域
72　5. ヴェルサイユ
78　6. ボルドーと大西洋岸
84　7. ブルゴーニュ，シャンパーニュ
90　8. アルザス，ロレーヌ

II　フランスを知る

第4章　フランス人の生活

- 102　1. 1月〜6月
- 108　2. ヴァカンス
- 114　3. 9月〜12月
- 120　4. 食べるたのしみ
- 126　5. カフェと公園
- 132　6. マルシェに行こう
- 136　7. フランス人のおしゃれ

第5章　変わりゆくフランス社会

- 144　1. フランスの教育制度　〜大衆化とエリート主義
- 150　2. フランスの家族事情　〜多様な結びつき
- 156　3. フランスの宗教事情　〜カトリックの伝統は今？
- 162　4. 欧州連合の中のフランス

- 170　フランスの歴史（略年表）
- 174　参考書案内

- 22　選挙の種類に見るフランス
- 96　現在の地域圏（フランス本土）と主要都市

第1章

フランス, フランス人, フランス語

フランス,フランス人,フランス語
La France, Les Français, Le français

　われわれ日本人はしばしば、フランスやフランス人やフランス語を評して、芸術と文化の国「フランス」、美食の国「フランス」、議論好きでエスプリに富んだ「フランス人」、音の響きが美しい「フランス語」などと言う。いずれもステレオタイプな表現ではあるが、そのように評される「フランス」はどのような風土と歴史を持った国だろうか。「フランス人」とはどのような人たちを言うのだろうか。また「フランス語」はどのような言語だろうか。ここではイントロダクションとして、「フランス」の風土と歴史、「フランス人」の人的多様性、「フランス語」の成立と現状を概観しよう。

カルト・ディダンティテ
CARTE D'IDENTITÉ（身分証明書）
名前：フランス共和国
形状：6角形
面積：約54万4000 km²
人口：約6600万人（2014年1月）
　　：約6390万人（本土）
首都：パリ
気候：温和
国旗：3色旗（青，白，赤）
国歌：ラ・マルセイエーズ
標語：自由，平等，友愛
象徴：雄鶏，マリアンヌ

1 フランスとフランス人

LA FRANCE ET LES FRANÇAIS

海外県
グアドループ
マルティニック
　（以上カリブ海）
フランス領ギアナ（南米）
レユニオン（インド洋）
マイヨット（インド洋）
マイヨットは2010年に海外準県から海外県

海外準県・海外領土
ニューカレドニア
フランス領ポリネシア
ワリス・エ・フトゥナ
　（以上オセアニア）
サン＝ピエール・エ・ミクロン
　（北米）
（本書20-21頁の地図を参照）

　現在のフランス（正式にはフランス共和国）の領土は，コルスCorse（コルシカ）島を含むフランス本土のほか，本土と同じ行政組織をもつ5つの海外県，およびいくつかの海外領土からなるが，ここではフランス本土について見ていく。

美し国フランス

　まずフランス本土の地図を眺めてみよう。ヨーロッパ大陸の西部，北緯42.5°〜51°，西経5°〜東経8°の間に位置するフランスは，約54万4000km²の面積（日本の約1.5倍）を持ち，直径1000kmの円内に収まるほぼ正6角形をした地域である。そこからフランス本土のことをレグザゴヌ（l'Hexagone：6角形）とも言う。6角形のうち，3辺は海（北海 la Mer du Nordと英仏海峡 la Manche，大西洋 l'Océan Atlantique，地中海 la Mer Méditerranée），2辺は山脈（ピレネー les Pyrénées，アルプス les Alpes，ジュラ le Juraとヴォージュ les Vosges）に囲まれ，それらはいわば自然の要塞ともなっている。中南部の中央山塊などの高地も一部あるが，総面積の約3分の2は平野となだらかな台地で（日本は約5分の4が山地），セーヌ河 la Seine，ロワール河 la Loire，ガロンヌ河 la Garonne，ローヌ河 le Rhôneという4つの大河とその支流が肥沃な大地の間を流れている。

　気候は多様で変化に富んでいる。本土の西半分は，雨がやや多いが夏は涼しく冬は温暖な海洋性気候，地中海に面した東南部は，夏が暑く乾燥し冬

は短い地中海性気候，東北部は，夏が暑く冬は寒い大陸性気候，アルプス山脈やピレネー山脈や中央山塊は，冬が長く厳しい山岳性気候である。そのほかパリのように中間的な大陸の海洋性気候も見られる。しかし暖流や大気の影響で，緯度が高い割に気候はそれほど厳しくない。たとえばパリは北緯49°でサハリン（樺太）とほぼ同緯度にあるが，冬がやや厳しい以外は（日本より日中の寒暖の差が大きいが）湿度が低く過ごしやすい。つまり一部の地方を除く国土の大半は概ね温和で，年間平均気温は北フランスで10℃，南フランスで15℃である。

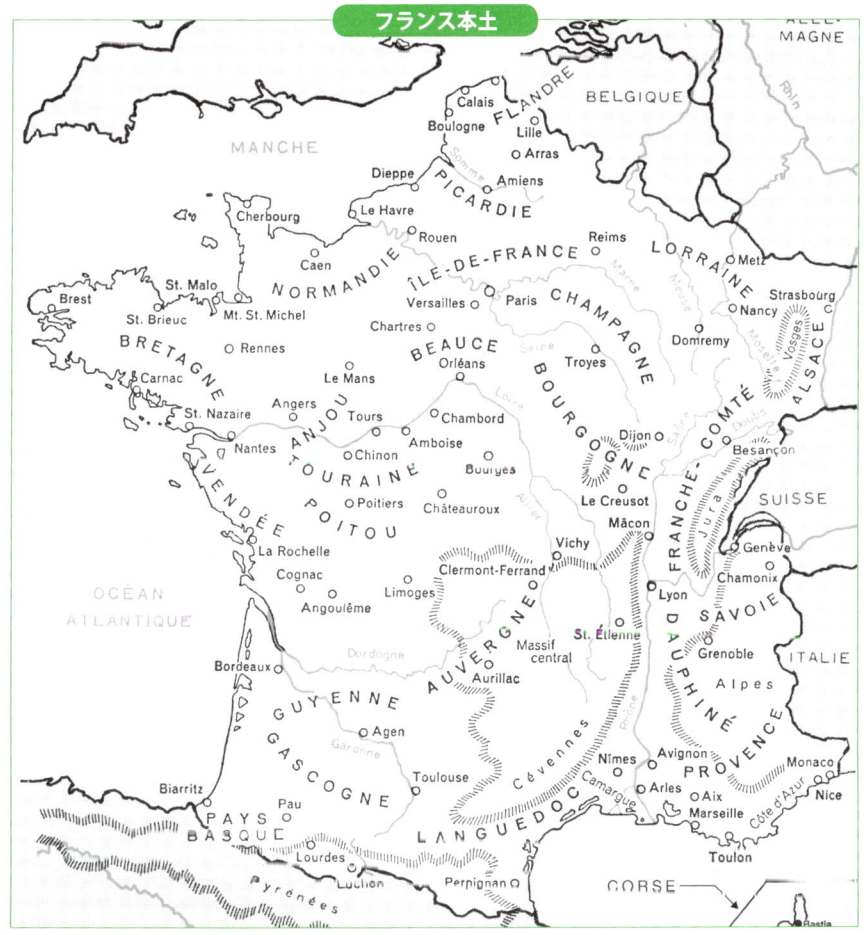

Bienvenue en France 11

フランス最古の叙事詩で武勲詩の傑作『ロランの歌』（11世紀末～12世紀初頭に成立）の中に「美し国フランス」（現代フランス語でラ・ドゥス・フランス la douce France）という言い回しがしばしば出てくる。まさにそのように呼ばれるにふさわしいフランス本土の肥沃な大地と温和な気候は，この国をヨーロッパ最大の農業国にしてきたし，海と河川および長距離に及ぶ運河網は，かつて水運の便によって国内外の商業活動および文化の伝播を促進し，経済的にも文化的にもこの国に多くの豊かさをもたらしてきた。

「フランス」の成立　ガリアからカペー朝へ

それではこの恵まれた土地に，フランスという国がいつ頃どのように形成されたのだろうか。「フランス」の成立という観点から，フランス史年表をざっと眺めてみよう。

ローマ人からガリアと呼ばれていたこの土地には紀元前900年頃からケルト人が住んでいたが，カエサルのガリア征服（紀元前58～51）によりガリアはローマの属領となる。やがて西ローマ帝国が476年に崩壊したあと，ガリアの地を支配したのはゲルマン系のフランク族である。その首領クロヴィスが481年に王位につき，メロヴィング朝（486～751）を創始し，「フランク王国」を成立させる。カロリング朝（751～987）になり，シャルルマーニュが王国の領土を拡大し，800年には西ローマ皇帝として戴冠する。しかしそのフランク王国も843年のヴェルダン条約により3分割され，西フランク王国が今日のフランスにあたる地域を支配する。その後ノルマン人の侵入があり，また王位をめぐる争いがつづくが，最終的に987年にパリ伯ユーグ・カペーがフランス王に選出され，カペー朝（987～1328）を開く。以後約800年にわたってカペー家とその分家が君臨する「フランス王国」がここに成立することになる。

フランス王国の統一

しかし「フランス王国」が成立したと言っても，その領土は現在のそれよりもかなり小さかった。国王ユーグ・カペー（在位987-996）が直接支配し

た領地はパリ周辺とオルレアン地方くらいで、残りの大半の地方は封建的主従関係による支配にすぎなかった。やがて12～13世紀頃から歴代の王が王権を強化し、王国の支配権を徐々に拡大していくが、時間はかかる。たとえばブルゴーニュ地方やプロヴァンス地方の併合は15世紀後半、ブルターニュ地方は16世紀前半、ガスコーニュ、ベアルン地方は17世紀初め、アルザス、ロレーヌ地方は17世紀後半である。しかしブルボン朝最盛期の王ルイ14世（在位1643-1715）の時代には王国はかなり統一され、その領土も現在の6角形に近いものとなる。ちなみにコルス（コルシカ）島が王国に併合されるのは1768年、その翌年にナポレオンが生まれている。

共和制フランスの誕生

やがて1789年に勃発するフランス革命によって、王政が廃止され、フランス最初の共和制が宣言される。「人権宣言」第3条にある国民主権の原理にもとづく最初の共和国「フランス」の誕生である。しかし第1共和制（1792～1804）は短命に終わり、そのあと政体はめまぐるしく変わる。第1帝政（1804～14）、王政復古（1814～30）、7月王政（1830～48）、第2共和制（1848～52）、第2帝政（1852～70）である。そして第3共和制（1870～1940）以降、第2次大戦時のヴィシー政府をはさんで、第4共和制（1944～58）、第5共和制（1958～）と共和制がつづき、今日に至っている。

「フランス人」とは？

「フランス」の成立の歴史を駆け足で見てきたが、これは「フランス人」のそれとも重なる。新石器時代の先住民（リグリア人、イベリア人）はともかく、紀元前900年頃にケルト人がガリア（フランス）の地に移住してくる。そのあと紀元前1世紀にローマ人、5世紀にゲルマン人、10世紀にノルマン人が侵入してくる。さらに16～19世紀にはスペイン人、イタリア人、ポーランド人、ロシア人などが移住してくる。20世紀に入っても、主に経済的理由から、ベルギー人、イタリア人、スペイン人、ポーランド人など主にヨーロッパ系の人々が移住してくる。20世紀後半には、1960～70年代からポルトガ

フランスの歴史（略年表）

B.C.900頃 ●ガリア（ゴール）の地にケルト人が移住
B.C.58～51 ●カエサルのガリア征服
486～751 ●メロヴィング朝、フランク王国成立
751～987 ●カロリング朝
843 ●ヴェルダン条約によりフランク王国三分→西フランク王国（＝フランス）
987～1328 ●カペー朝
907 ●パリ伯ユーグ・カペーが国王に選出。首都パリ
1328～1589 ●ヴァロワ朝
1589/94～1792 ●ブルボン朝
1789 ●フランス革命
1792～1804 ●第1共和制
1804～14 ●第1帝政
1814～30 ●王政復古
1830～48 ●7月王政
1848～52 ●第2共和制
1852～70 ●第2帝政
1871 ●パリ・コミューン
1870～1940 ●第3共和制
1914 ●第1次世界大戦
1939 ●第2次世界大戦
1940～44 ●ヴィシー政府
1946～50 ●第4共和制
1958～ ●第5共和制

「人種のるつぼ」フランス

ル人やフランスの旧植民地あるいは保護領であった北アフリカのマグレブ諸国（アルジェリア，モロッコ，チュニジア）およびブラックアフリカからの移民労働者が急増しはじめる。またフランスは，東欧や東南アジアなど世界中の政治亡命者や難民も受け入れてきている。

　このように古代から20世紀に至るまで，フランスには多種多様な人種が侵入し，移住し，共存し，入り交じってきて，今日のフランス人が形成されているのである。つまりフランスはアメリカ合衆国と同様「人種のるつぼ」であり，人種的に単一なフランス人は存在しないと言ってよい。従って「フランス人」とは何か，という問いに答えることはきわめて難しい。われわれが「フランス人は…」と言うとき，それはつねにカッコ付きのフランス人なのである。

　ところで市民あるいは国民としての「フランス人」は，法律（憲法と国籍法）によって定義される。現行の第5共和国憲法の第1条には，「フランスは，一にして不可分の，非宗教的，民主的，社会的な共和国」であり，すべての市民は「出自，人種，宗教」によって区別されることはない，と明記されている。（『事典現代のフランス（増補版）』所収の「第5共和国憲法法典」）つまり「出自，人種，宗教」が何であれ，法的には「フランス国籍を有する」市民はすべて「フランス人」なのである。ちなみに現行の国籍法では，「両親のいずれかがフランス人であればその子どもはフランス国籍をもち，またフランス領土に生まれればフランス国籍を得る権利を有する。フランス人と結婚，あるいは帰化によりフランス国籍を認定されることでもフランス人となりうる」ことが規定されている。（『現代フランス情報辞典（改訂版）』）

「パリだけがフランスではない」

　ところで「パリだけがフランスではない」（Paris n'est pas la France.）とよく言われるが，この言葉は同時に2つのことを意味しているよう思われる。

　ひとつは，そのように言われるほど，今日までパリがフランスを代表する都市であったということであろう。実際，フランスでは17世紀のルイ14世以降300年近くにわたって中央集権化が推し進められ，そのため首都パリが長い間フランスの政治・経済・文化の中心であったことは確かである。第2

夜の凱旋門

次大戦以後，この中央集権化に対して，地方の多様性を抑圧しているという批判が出され，その是正の試みは少しずつ行われていた。1981年に誕生したミッテラン政権は，翌1982年3月に「地方分権法」を成立させ，1972年に制定された地域圏(レジオン)(本書22，96頁参照)の権限を強化し，地方分権化を加速させた。それにより今日では，いくつかの県が集まって構成される22の地域圏（本土）の権限が拡大し，各地域の経済や社会政策の活性化が進められている。1981年の開通以来，フランス高速列車ＴＧＶ(テジェヴェ)のめざましい発達も，パリと地方の関係を変えつつある。

TGV (時速300km で走る)

「本当のフランスは地方にある」

　もうひとつは，フランスはパリだけではない，パリ以外の諸地方もそれぞれ豊かで異なった風土と歴史と文化をもって6角形の一部を構成しており，むしろ本当のフランスは地方にある，ということであろう。フランスはその長い歴史を通して近隣のさまざまな国や文化と接触し，それらから影響を受けてきた。たとえば紀元前2世紀にローマ最初の属州となった南部のプロヴァンス地方ではローマ・イタリア文化，ブリタニア（イギリス）にいたケルト系ブリトン人が5～6世紀頃に移住してきた西北部のブルターニュ地方ではケルト文化，ライン川をはさんでドイツと境を接し，仏独間の争奪の的になってきた東部のアルザス地方ではドイツ文化の影響を強く受けている。あるいはピレネー山脈西部，フランスとスペイン両国にまたがるバスク地方は，人種的にも言語的にも両国とは異質の独特の文化を保持している。つまりフランス全体はギリシア・ローマ文化圏に属し，またキリスト教文化圏に属しながらも，諸地方に目を向けると，上述した「フランス人」の人的多様さと同様，フランスの風土と歴史と文化の実体が多様であることがよくわかる。

参考文献

共和国フランスの特徴と現在の諸問題について：三浦信孝『現代フランスを読む』（大修館，2002）。フランスの海外領土支配と植民地帝国の崩壊について：平野千果子『フランス植民地主義の歴史』（人文書院，2002）

2 フランス語

LE FRANÇAIS

　現行の第5共和国憲法の第2条には，国旗（青，白，赤の3色旗），国歌（ラ・マルセイエーズ），標語（自由，平等，友愛）とともに，1992年から「共和国の言語はフランス語である」という条項が明記されている。ここではそのフランス語の成立と現状を中心に，世界におけるフランス語，そしてフランス国内の地域語についても概観しよう。

ラテン語からフランス語へ

　フランス語はラテン語から派生した言語である。カエサルのガリア征服（紀元前58〜51）に伴い，俗ラテン語（兵士や入植者や商人たちの使うくずれたラテン語）が先住ケルト人の話していたガリア語（ケルト語のひとつ）に取って代わる。その後5世紀にゲルマン系のフランク族がガリアに侵入し，俗ラテン語にゲルマン語が混じる。そうした変化を受けた俗ラテン語が徐々に進化して，9世紀頃にロマンス語と呼ばれる新しい言葉になる。フランス語の最も古い形である。同じように俗ラテン語が変化してできたロマンス諸語にイタリア語，スペイン語，ポルトガル語，ルーマニア語がある。いわばフランス語の親戚でいずれもイタリック語派に属する。（ちなみに英語はドイツ語，オランダ語などと同じゲルマン語派に属する。）

　日常語であるロマンス語すなわち中世フランス語は，フランスの地域によって異なっていた。それぞれの地域で方言が話されていたが，それらの方言は2つに大別される。南フランスのオック語方言群と北フランスのオイル

語方言群である。これは英語のyesにあたる「ウィ(oui)」を，それぞれ「オック(oc)」，「オイル(oïl)」と発音していたことからつけられたものである。オック語圏では12世紀にトルバドゥールと呼ばれる恋愛詩人・作曲家たちがすぐれた抒情詩を生み出す。しかし政治の中心が北フランスにあったことから，オイル語圏とりわけカペー朝の王宮のあるパリを中心とするイル＝ド＝フランス地方の方言が優勢になる。その方言（フランシアン）を基にして，長い時間をかけて近代フランス語が形成されていく。

	フランス語の成立
B.C. 58～51	（俗ラテン語）
5世紀	←ゲルマン語
9世紀～15世紀	（ロマンス語）中世フランス語
16～17世紀	近代フランス語

フランス語を守り育てる

　フランソワ1世は，ヴィレール＝コトレの王令（1539年）により，王国のあらゆる公文書が以後「フランスの母国語」で作成されるように命じる。王権によって王国のいわば公用語となったフランス語は，16世紀（フランスのルネサンス期）に語彙や表現の充実がなされ，17世紀半ばには今日のフランス語の骨格がほぼ形成される。（語学史では17世紀以降のフランス語を近代フランス語と呼んでいる。もちろんこの時代のフランス語にはふつうの仏和辞典や文法書にない語彙，綴り字，語法が少なくないが，注があれば仏和辞典を使って読むことができる。）これにはいくつかの理由が挙げられる。国家統一の基盤が早く固まったこと，文法家たちの努力，国語に規範を与えるアカデミー・フランセーズの創設（1635），ランブイエ侯爵夫人が自邸に開いたサロン（「青い部屋」1618～50）に代表される文芸サロンの流行，すぐれた古典作家の輩出（3大劇作家と称されるコルネイユ，モリエール，ラシーヌあるいはデカルト，パスカル，ラ・ロシュフコー，ラ・フォンテーヌ，等々…）などである。そして18世紀以降も多くの作家・思想家や文法家・語学者たちによって，フランス語は絶えず磨かれ，活力を与えられ，より美しく豊かな言語になっていく。

フランス語は明晰な言語か？

　ところで「明晰でないものはフランス（語）的ではない」(Ce qui n'est pas clair n'est pas français.) というリヴァロル（作家，ジャーナリスト，

1753-1801）の言葉はよく知られている。これはベルリン・アカデミーの懸賞論文に当選した「フランス語の普遍性について」（1784）の中の一節である。フランス語がそのとおり明晰な言語であるかどうかはともかく，この一節はフランス人の言語意識を見事に言い当てているように思われる。実際，これまで数多くのすぐれた作家・思想家たちがフランス語を駆使して人間のさまざまな思想や感情を的確に分析し，明快に表現しようと努めてきた。また今日の社会生活の中でも，教養あるフランス人は自分の考えを，できるだけ的確な言葉で明快かつ論理的に表現しようと努める。子どもたちも学校や家庭でそのような訓練を受けているし，バカロレア（大学入学資格試験）の論述試験と口述試験でもそうした力が試されている。

フランス語の現状

　それではフランス語の現状はどうだろうか。最近20〜30年間にフランス語も，フランス語を囲む状況も大きく変化しており，メディアなどでも「フランス語の危機」に関する問題がしばしば取り上げられている。それはどのような問題だろうか。まずフランスの若者が本（とくに文学作品）を読まなくなっただけではなく，フランス語の文章を正しく書けなくなってきていることである。次にコンピューター，インターネット，携帯電話とメールの普及による若者のフランス語使用への影響である。（ただしこれについては，むしろ若者が以前よりも文章を書くようになったという肯定的な意見も少なくない。）第3にコマーシャルや音楽番組あるいはファースト・フードの用語などに見られるが，日常生活における英語（とくにアメリカ英語）あるいは「フラングレ」（franglais：英語まじりのフランス語）の氾濫である。

　これらの問題に対してフランス政府も手をこまねいているわけではない。先に指摘したように，1992年には憲法の中に「共和国の言語はフランス語である」という条項を付け加えるなど，国語としてのフランス語の重要性を法的にも強調している。また2002年の学校教育指導要領にも，外国語・地域語を含めて言語教育に力を注ぎ，言語能力をつけさせる内容が盛り込まれている。さらにラジオの音楽番組で，少なくとも40%はシャンソン chanson つまりフランス語の歌にしなければならないという法律まで実行されている。

それと同時にフランス語の改革も試みられている。1990〜1991年には，アクサン記号の単純化など現代フランス語の綴り字に関する改革案が提案された。ただしそれに対しては異論反論も多く，その議論はまだつづいている。一方，フェミニズム運動および女性の社会進出の増大に伴って，従来主として男性が従事してきたことから女性形を持たない職業名に女性形を加える改革は徐々に実現されている。また次項で触れるが，1986年から「フランス語圏首脳会議」が行なわれている。

世界におけるフランス語

18，19世紀には国際語・外交用語として，また1896年以来オリンピックの公式言語として広く使われてきたフランス語も，今日では英語に圧倒されている。しかし現在でも，国際連合や欧州連合をはじめ国際機関や国際会議では必ず使用される。世界で最も有力な言語のひとつであることに変わりはない。万国郵便連合の公用語にもなっている。

マルティニック県

それでは今日，フランス語は世界のどのような国・地域で話されているのだろうか。フランス語を公用語としているのは，フランス（フランス本土と海外県・海外領土）とモナコの2国である。他の言語とともにフランス語を公用語として併用している国・地域は，ヨーロッパではベルギー，スイス，ルクセンブルク，アメリカではカナダ（ケベック州）とカリブ海のハイチ共和国である。アフリカでは，かつてフランスの統治下にあった国々がフランス語を公用語または行政上の言語としている。（セネガル，マリ，ニジェール，ギニア，チャド，ブルキナ・ファソ，コートジボアール，カメルーン，中央アフリカ共和国，ガボン，コンゴ共和国，コンゴ民主共和国など。）またマグレブ諸国（アルジェリア，モロッコ，チュニジア）ではフランス語が日常広く使用され，第1外国語にもなっている。

レユニオン県

さらにアジアでは，旧フランス領インドシナ（ヴェトナム，ラオス，カンボジア）では，1960年以前にはフランス語が広く使用されていた。（フランス軍の撤退は1954年）なお世界におけるフランス語人口としては，フランス語を母語・日常語として使用している人口は約1億3000万人（そのうちフランス人は約半数）と推定されている。

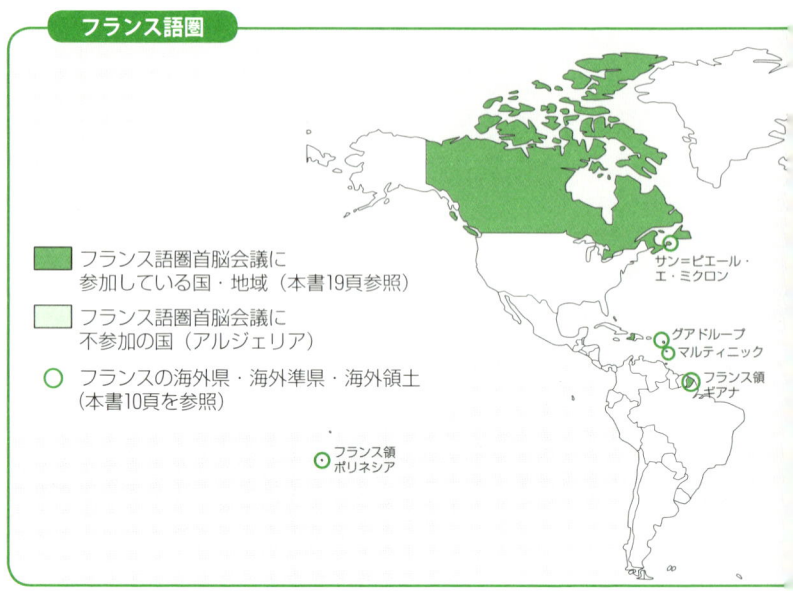

　ところで1986年に故ミッテラン大統領の提唱で，フランス語とフランス文化を共有する国・地域の首脳が交流する第1回「フランス語圏首脳会議」（於・ヴェルサイユとパリ）が開催された。以来，原則として2年ごとに世界各地で開催され，2004年には第10回（於・西アフリカのブルキナ・ファソ）を数えている。現在（2010年）オブザーバーを含めて70余の国・地域が加盟しているが，フランス語は旧植民地に対する押しつけだとしてアルジェリアが参加を拒否するなど，むずかしい問題も抱えている。ともあれ今日のフランスは，英語（とくにアメリカ英語）ばかりが氾濫している現状の打破および国際語としてのフランス語の擁護と普及に懸命である。

フランス国内の地域語

　最後にフランス国内の地域語について少し触れておこう。フランス語をすべてのフランス人が共有するようになったのは，ジュール・フェリー法により初等教育の無償，義務，非宗教化が始まった1882年以降のことである。以来，フランスの学校教育での使用言語はフランス語である。（ちなみに義務教育年限は，1935年まで13才，その後1936〜58年まで14才，1959年

第1章 フランス,フランス人,フランス語

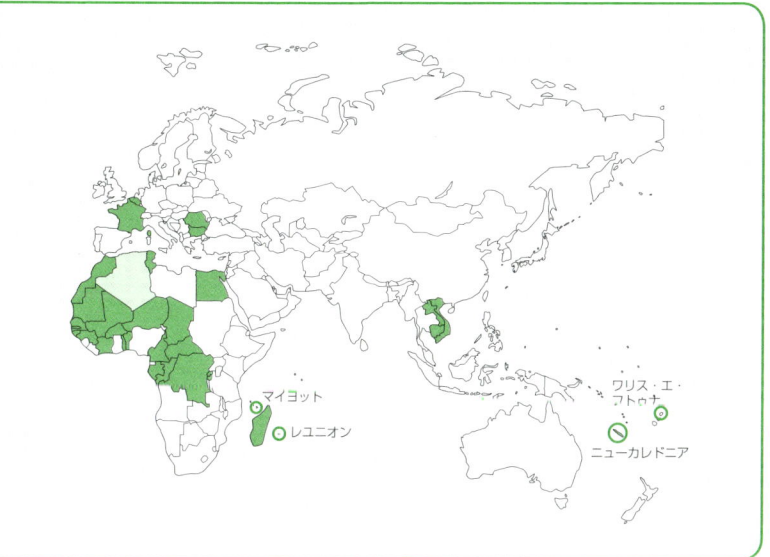

から16才となり今日に至っている。)

　しかしフランス語とともに,いくつかの地方には,一部の人々の間で使用されている地域語がある。主な地域語としては,東部のアルザス地方ではドイツ語の方言と言えるアルザス語,西北部のブルターニュ地方ではケルト語のひとつであるブルトン語,フランスとスペイン両国にまたがるバスク地方では系統不明のバスク語がある。そのほか南フランスのオック諸語(オクシタン語,プロヴァンス語など),コルシカ島のコルシカ語などがある。かつて(20世紀前半まで)これらの地域語は少数言語として虐げられてきたが,先に述べた地方分権化の動きの中で,今日では学校教育の中に受け入れられ,またバカロレアの選択科目(第2,第3の現代語)となり,大学の講義科目ともなっている。

参考文献
フランス国内の地域語あるいは少数言語について:アンリ・ジオルダン編『虐げられた言語の復権』(原聖訳,批評社,1987)

Bienvenue en France　21

選挙の種類に見るフランス

　フランスでは大統領，国民議会，元老院，地域圏議会，県議会，市町村議会，欧州議会の選挙が行われる。（元老院以外は直接選挙）

強大な権限をもつ大統領

　大統領選挙は5年に1回行われる（2002年に7年から5年に短縮）。イギリス，ベルギー，オランダなど立憲君主制の国では，国家元首は国王（女王）であるが，実権は内閣を率いる首相にある。それはフランスと同じ共和国であるドイツやイタリアにおいても同様で，大統領は象徴的な地位にすぎない。それに対して第5共和制におけるフランスの大統領（初代大統領はド・ゴール）は，外交と国防だけではなく，内政においても首相の任命権や国民議会の解散権をもつなど，強大な権限をもっている点が特徴である。

国民議会と元老院

　フランスの国会は国民議会と元老院からなる。前者は任期5年で定数は577，後者は任期6年（9年が6年に短縮。2010年から3年ごとに半数改選）で定数は348。

地域圏，県，コミューヌ（市町村）

　フランスの地方公共団体で，行政単位は地域圏，県，市町村に大別される。

　地域圏：現在，27の地域圏（本土22と海外5）に分かれる。1972年に制定され，1982年の地方分権法により権限が強化された。（本書15，96頁参照）

　県：現在，101県（本土96と海外5）に分かれる。フランス革命後に従来の地方区分を廃止して設置された。海外県はそのまま海外地域圏となる。県の番号は郵便番号や車のナンバープレートにも利用されている。

　コミューヌ（市町村）：本土36570と海外県など214（2005年）。中世のキリスト教の教区にさかのぼるもので，フランス革命後に地方団体となる。日本のような市町村の区別はなく，数十人の村も数十万人の都市も，行政単位として成立していれば同等にコミューヌであり，約3分の2が人口千人以下。1970年代に合併策が出されたが，地方の反発が強く（帰属意識が強いためか）失敗に終わっている。

欧州連合（EU）の中のフランス

　欧州連合加盟国単位で行われる欧州議会選挙がある。EU市民を代表する委員で任期は5年。現在EU28カ国で736議席のうちフランスは74議席を占める。欧州議会はフランスのストラスブールに置かれている。（本書94頁参照）

1 フランスを旅する
Voyager en France

フランスを旅する
Voyager en France

前述したように，パリはフランスを代表する都市であるが，パリ以外の諸地方もそれぞれ豊かで異なる風土と歴史と文化をもってフランスの6角形の一部を構成している。ここでは，まず第2章で，「歴史の都パリ」「今日のパリ」「パリを歩く」と題して，パリの誕生と発展の歴史および今日のパリを概観する。（パリについては，第4章「フランス人の生活」でも取り上げる。）第3章では，以下に見るように，時間の軸をたどる形で，いくつかの地方・地域を駆け足で巡り，フランスの多様な風土と歴史と文化に触れてみたい。

先史時代の遺跡が残るブルターニュ地方，ガロ＝ロマン期（紀元前1世紀〜5世紀）の建造物の宝庫であるプロヴァンス地方，キリスト教信仰の厚かった中世の教会建築巡り，15〜17世紀初頭の国王たちが好んで住んだ，ルネサンス期の城館が数多く残るロワール川流域，17世紀後半にルイ14世の夢と栄光を実現させたヴェルサイユ，18世紀に黄金期を迎えた，ワインで有名なボルドーおよび大西洋岸，同じくワイン産地として知られるブルゴーニュ地方とシャンペンで知られるシャンパーニュ地方，そして近代において絶えず，第2次大戦に至るまで仏独間の争奪の的になったアルザス，ロレーヌ地方である。

第2章 パリ

1 歴史の都パリ

PARIS HISTORIQUE

首都パリの誕生

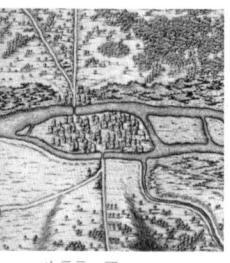

ルテティア

　紀元前3世紀，ケルト系のパリジー族がセーヌ川の中州シテ島に定住し，そこに村落を築く。カエサルのガリア征服（紀元前58～51）のあと，古代ローマ人はセーヌ左岸に共同浴場，広場，水道橋，円形競技場などを作り，シテ島を中心に小都市を建設する。ルテティアと呼ばれたその都市は，4世紀頃からそこの住民の名（パリジー）をとってパリと呼ばれるようになる。508年にはフランク族の王クロヴィスが本拠をシテ島に置き，パリはフランク王国の首都と見なされるようになる。

　しかしパリが実質的にフランス王国の首都となっていくのは，王宮をシテ島に定めた国王ユーグ・カペー（在位987-996）に始まるカペー朝（987～1328）の時代である。とくに王権が強化された12～13世紀から，シテ島は聖俗権力の拠点，セーヌ右岸は商業地区，セーヌ左岸は大学地区として発展し，さまざまなものがつくられる。パリの胃袋と呼ばれ，パリの食物供給を支えた中央市場レ・アルの開設と拡張がなされ（1110頃～83），ノートル＝ダム大聖堂の建造が始められる（1163～1345）。国王フィリップ・オーギュスト（在位1180-1223）は，防衛の目的でパリ（今日のシテ島とその周辺地区）を高く厚い城壁で囲み，城壁の外にはルーヴル城砦を建造する（1190～1202）。また聖王と呼ばれたルイ9世（在位1226-70）はサント＝シャペルを建造し（1245～48），聖職者ロベール・ド・ソルボンは貧しい学生のためにソルボンヌ学寮を創設し（1253），パリ大学（神学部）の基礎を築く。

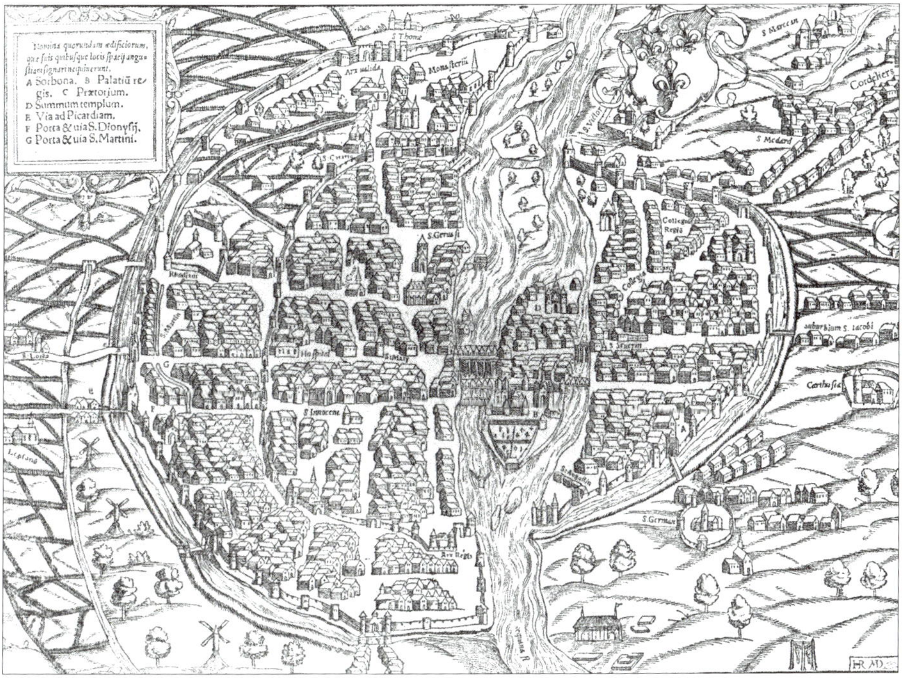

ミュンスターによるパリ鳥瞰図（1530年頃）

ミュンスターは当時の有名な地誌学者。
図の左側（右岸）が北になっていることに注意。
城壁に囲まれた都市パリは，まだ狭く小さかった。
（右岸の城壁に囲まれた空間は，おおよそ現在の1〜4区。）
シテ島に架かる橋の上には，まだ家屋が建ち並んでいる。
サン゠ルイ島は，まだ離ればなれの小島だった。
（17世紀に2つの小島が橋で結ばれる）

こうしてパリはフランス王国の首都、政治・経済の中心地として、またヨーロッパの知的文化の中心都市として発展していく。セーヌ左岸、現在のソルボンヌ周辺（5区と6区の一部）は、国内外から集まってきた教師や学生たちの地区となる。（そこは大革命まで彼らの共通語であるラテン語が通用していたことから、カルチエ・ラタンと呼ばれる。）13世紀末には約1万5千人の学生がパリにいたと言われている。パリの人口もセーヌ川右岸の市街地を中心に増加していく。たとえば1350年の推定人口は約20万人（6万1000世帯）で、当時ヨーロッパ最大の都市のひとつであった。

都市を作る国王たち

パリという「都市を作ったのは国王たちである」と言われるように、フランス革命まで、パリは歴代の国王によって都市の整備と市域の拡大が進められた。その主なものを見ていこう。

シャルル5世（在位1364-80）は、セーヌ右岸に新たな城壁を築いて市域を拡張し、バスティーユ城砦を建造している。またルーヴル城砦を王宮に改装している。（王宮となったルーヴルの本格的な建設と拡張は、16世紀前半にフランソワ1世によって始められ、そのあとアンリ4世、ルイ13世、ルイ14世、さらにナポレオン1世、ナポレオン3世によって継続された。ちなみにルーヴル宮殿の一部が美術館となったのは1793年からで、当時の革命政府が王族のコレクションを国民の財産として開館したのが始まりである。）

アンリ4世（在位1589-1610）は、マレ地区やシテ島の西端などを整備し、国王広場の原型となるロワイヤル広場（＝現ヴォージュ広場）やドーフィヌ広場を作り、ポン＝ヌフ橋を建造している。1604年竣工のポン＝ヌフ橋（新橋）は、それまでのように橋の上に家屋や商店のない、両脇に遊歩道をつけた新しいスタイルの橋であった。現在セーヌ川に架かっている37の橋の中で最古の橋である。

ポン＝ヌフ橋

ここでフランス王家と婚姻関係を結んだイタリア・メディチ家出身の2人の王妃も挙げておきたい。アンリ2世（在位1547-59）の王妃カトリーヌ・ド・メディシスはチュイルリー庭園を、アンリ4世の王妃マリー・ド・メディシスはリュクサンブール庭園を造営させている。（今日この2つの庭園は、パリの代表的な公園として市民の憩いの場となっている。また今日見られる前者

の，幾何学模様とシンメトリーを特徴とするフランス式庭園は，ヴェルサイユの庭園を手がけた17世紀の造園家ル・ノートルによるものである。)

ルイ13世（在位1610-43）は，セーヌ右岸の西側に城壁を新造して市域を拡張し，サン＝トノレ地区などを開発している。なおルイ13世の宰相リシュリュー枢機卿の館は，彼の死後パレ＝ロワイヤル（王宮）となる。

パリよりもヴェルサイユを好み，そこに宮廷を移したルイ14世（在位1643-1715）もパリの整備を進め，ルイ大王広場（＝現ヴァンドーム広場）やヴィクトワール広場を作り，左岸にアンヴァリッド廃兵院を建造している。またセーヌ右岸のシャルル5世とルイ13世の城壁を取り壊し，その跡地を道幅の広い大通りにし，両側に街路樹を植えたブールヴァール（今日グラン・ブールヴァールと呼ばれている，バスティーユ広場からマドレーヌ教会までつづく半円状の大通り）を作っている。

アンヴァリッド廃兵院

またルイ15世（在位1715-74）はルイ15世広場（＝現コンコルド広場）やパンテオン（完成は1789年）を建造している。ルイ16世（在位1774-92）も墓地の整備や橋の上に立ち並んでいた家屋の撤去などを行なっている。また物品入市税を徴収する目的で，市の周囲に高さ3.2m，長さ24kmに及ぶ柵をめぐらせ，60の関門を設けている。いわゆる徴税請負人の壁（1784〜91）である。（今日その跡地を，地下鉄2号線と6号線の2つの路線が走っている。）

歴代の国王と同様，皇帝ナポレオン1世（在位1804-14）もパリを帝国の首都にふさわしく美化しようと努めている。セーヌ川の護岸工事や運河の工事，あるいは最初の鉄橋で歩行者専用の橋ポン・デ・ザール（芸術橋）やシテ島とサン・ルイ島を結ぶサン・ルイ橋など多くの架橋工事，下水道の整備，リヴォリ通りの開通などである。また遠征での戦勝を記念してカルーゼルの凱旋門を建造している。（同じくナポレオンの命により1806年に始まった有名なエトワールの凱旋門の建造は，中断期間を経て1836年に完成。）フランス最後の国王ルイ・フィリップによる7月王政下では，パリを防衛する目的で首相ティエールにより新しく市壁が構築され（1841〜45），パリはほぼ現在の市域まで拡大される。

カルーゼルの凱旋門

ナポレオン3世

オスマンによるパリ大改造

19世紀に入ると,地方からパリへ移住してくる人々でこの都市の人口は急増する。(1800年には約55万人,1820年には約70万人,1850年には約100万人) しかし19世紀前半までのパリは,依然として狭い街路をはさんで古い建物がひしめき,汚水が道の中央部にたまり,汚物の悪臭が漂う不潔で不衛生な都市であった。また治安もよくなかった。人口急増に伴ってますます過密となり,不衛生で危険になったこの都市の様相を一変させてパリを近代都市にしたのは,ナポレオン3世(在位1852-70)と彼がセーヌ県知事に任命したオスマン男爵である。

皇帝の夢　パリの近代化

皇帝になる前,亡命先のロンドンで近代化が進む都市を目にしていたナポレオン3世は,古びたパリをロンドンに負けない,否ヨーロッパで最も美しい都市に改造しようと考えたのである。それは伯父ナポレオンの夢(パリを古代ローマのような美しい都市にする夢)を実現することでもあった。

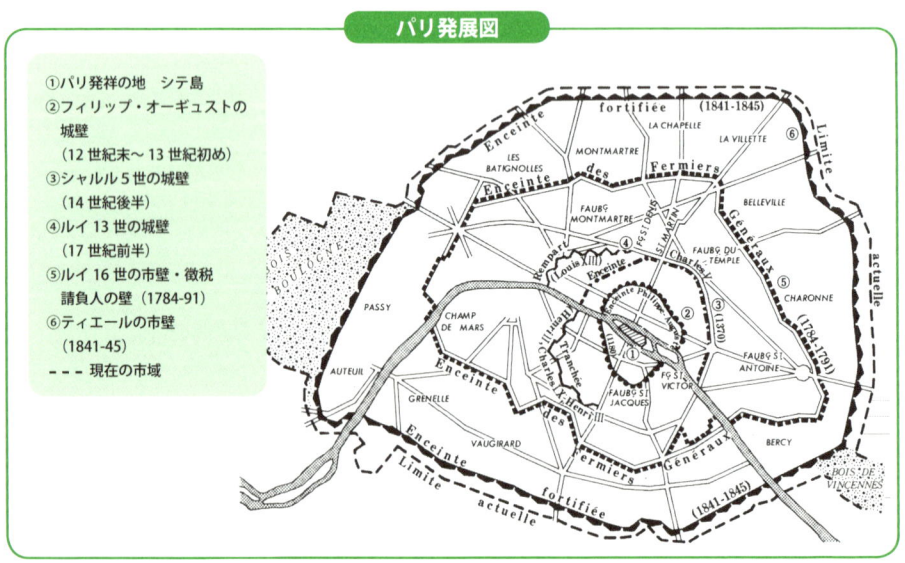

パリ発展図

①パリ発祥の地　シテ島
②フィリップ・オーギュストの城壁
　(12世紀末〜13世紀初め)
③シャルル5世の城壁
　(14世紀後半)
④ルイ13世の城壁
　(17世紀前半)
⑤ルイ16世の市壁・徴税請負人の壁 (1784-91)
⑥ティエールの市壁
　(1841-45)
--- 現在の市域

(大修館『事典 現代のフランス』より)

実行責任者となったオスマン知事（在任1853-69）は，19世紀前半のパリが抱える諸問題（人口急増，スラム化，不衛生，治安の悪さなど）を解決し，産業化時代にふさわしい都市を構築するために，パリの大改造に着手する。── 市内の交通や流通を円滑にする道路網の整備（南北と東西を軸とした大通りおよび環状道路の開設），鉄道の駅舎の拡張と駅周辺の整備（北駅，サン＝ラザール駅など），衛生状態を改善する上下水道の整備，健康的で快適な空間を提供する公園や緑地の整備（モンソー公園，ブーローニュの森，ヴァンセンヌの森など），活気のある商業空間としての中央市場レ・アルの改築，第2帝政期を象徴する華麗なネオ・バロック様式のオペラ座の建造（完成は1875年）などである。また1860年には，ティエールが構築した市壁を市の境界とし，モンマルトル，シャイヨ，パッシー，ベルヴィル，ヴォージラールなど城壁内の11の近隣町村をパリ市に編入し，12区から現在の20区に再編している。

オペラ座

近代化の犠牲

　これら一連の改革の中でも，最初に挙げた道路網の整備は，スクラップ・アンド・ビルド方式によるもので，住民とくに貧民層の犠牲を伴うものであったが，中世からつづいてきた古い雑然とした町並みを一変させ，明るく風通しのよい大通りと整然として美しい町並みをパリにもたらすことになった。（貧しい労働者階級の人々はパリの東・北側に追いやられる。一方，富裕階級の人々はパリの西側に住むようになる。）つまりオスマン知事とナポレオン3世の二人三脚によるパリ大改造は，一方で「古きよきパリ」を破壊しつつも，20世紀に向けて花開く近代都市，「花の都パリ」の基盤を作ったのである。『悪の華』（1857）の詩人シャルル・ボードレールは，ナポレオン3世に追放されて亡命中のヴィクトル・ユゴーに献じた詩「白鳥」（1860）の中で歌っている。──「古いパリはもはやない」と。

ギュスターヴ・エッフェル
(1832-1923)

シャイヨ宮

鉄とガラスの時代

またパリでは1855年の最初の万国博覧会（第1回は1851年のロンドン）から1937年の間に，万国博覧会が6回（1855, 1867, 1878, 1889, 1900, 1937年）開催されたが，それらを機に鉄とガラスの時代にふさわしい記念建造物がいろいろ建てられている。

たとえばフランス革命100周年を記念する1889年の万国博では，高さ300m余の鉄塔建設に対して，多くの作家や芸術家たち（建築家シャルル・ガルニエ，作曲家グノー，作家デュマ・フィスやモーパッサンなど）が反対したにもかかわらず，エッフェル塔が建設される。モーパッサンはエッフェル塔を見ないですむように，塔にあるレストランでしばしば食事をしたというエピソードもある。1900年の万国博では，鉄とガラスの丸天井を持つグラン・パレやそれと向き合ったプチ・パレ，および鉄のアーチに支えられた豪華で美しいアレクサンドル3世橋などが建造される。1937年の万国博では，1878年の万国博の美術展示館として建てられたトロカデロ宮殿が取り壊され，現在のシャイヨ宮が建てられている。

「たゆたえども沈まず」

このようにパリは，シテ島を中心として同心円状に市域を拡大し，各時代の発展の歴史を物語る記念建造物を数多く残してきた。しかし同時にパリは，その発展の長い歴史の中で幾多の危機や困難にも遭遇してきた。14～15世紀には，相次ぐペストの流行や英仏間の百年戦争（1338～1453）などがあり，不安と混乱と悲惨の時代であった。16世紀後半には，カトリックとユグノー（プロテスタント）との宗教戦争によって国内が狂信と殺戮の場と化し，パリでは多数のユグノー貴族が虐殺された聖バルテルミーの大虐殺（1572）も起こっている。1789年7月14日のバスティーユ占拠に始まる大革命による大混乱は言うまでもないだろう。1830年の7月革命や1848年の2月革命では市内にバリケードが作られたし，普仏戦争後のパリ・コミューンの乱（1871）では市街戦があった。20世紀に入っても，第2次大戦でパリは4年間ドイツの占領下に置かれ，市民は辛い生活を強いられた（1940～44）。ドイツ占領軍に対するフランス市民のレジスタンス運動はよく知られ

パリ市の紋章

ている。

　しかしパリは，そうした危機や困難に直面するたびに，混乱に陥りながらもそれを乗り越えてきた。ちょうど帆船（もとはセーヌ川水運組合の印章）が描かれたパリ市の紋章に記されているラテン語の銘句「たゆたえども沈まず」（FLUCTUAT NEC MERGITUR）のように。

参考文献

パリに関する本は，旅行案内書を除いても数多くあるが，ここでは以下の数冊を挙げておく。

　パリの歴史と文化（歴史建造物など）について：饗庭孝男編『パリ歴史の風景』（山川出版社，1997），イヴァン・コンボー『パリの歴史（新版）』（小林茂訳，文庫クセジュ，白水社，2002），アルフレッド・フィエロ『パリ歴史事典』（鹿島茂監訳，白水社，2000），ジャン＝ロベール・ピット編『パリ歴史地図』（木村尚三郎監訳，東京書籍，2000）。

　興味深いパリ本として，堀井敏夫『パリ史の裏通り』（白水Uブックス，白水社，1999 [1984]），石井洋二郎『パリ―都市の記憶を探る』（ちくま新書，1997），宮下志朗『パリ歴史探偵術』（講談社現代新書，2002）がある。『パリ歴史探偵術』巻末の文献案内は有益。またパリを訪れる機会があれば，カルナヴァレ館（パリ市の歴史を紹介する博物館）は必見。現在，入場無料。

Parfait…

2 今日のパリ

PARIS D'AUJOURD'HUI

　オスマンによる大改造が20世紀の近代都市パリの基盤を作ったとすれば，新しい都市計画に基づく最近30年間の一連の大規模事業は，21世紀の現代都市パリの基盤を作ったと言っても過言ではないだろう。今日のパリの改造計画は大きく4つのタイプに分けられる。すなわち老朽化した地区の再開発，歴史的地区の修復，ビジネスセンターの創設，文化施設の整備である。

老朽化した地区の再開発

フランス国立図書館

　老朽化した地区の再開発としては，まずベルヴィル地区やイタリア広場とその周辺地区が挙げられる。中国・アジア系，アラブ系，アフリカ系などの移民が多く住んでいるベルヴィル地区（10区，11区，19区，20区にまたがる）には，古い家屋に代わってH.L.M.（低家賃住宅）など近代的な建物が増え，またイタリア広場を中心とする地区（13区）にも中国・アジア系の人々のチャイナ・タウンがあり，そこに高層住宅が立ち並ぶ。同じ13区のセーヌ左岸沿いには，旧国立図書館（2区）に代わって最新の設備を備えたフランス国立図書館が1998年に誕生した。前大統領ミッテラン（在任1981-95）の構想による文化施設整備のひとつで，本の形を模した方形の建物と木のぬくもりを感じさせる中庭のテラスはユニークである。

　さらに駅周辺地区の整備と再開発も行われている。14区と15区にまたがるモンパルナス駅とその周辺地区では，商業・ビジネスセンターとし

ての再開発計画がいち早くスタートし，1973年に完成した58階建てのモンパルナス・タワーをはじめとする高層建築群がある。また12区のリヨン駅の整備とベルシー地区の再開発も行われている。かつてワイン取引場で倉庫街であったベルシー地区には，セーヌ右岸沿いにベルシー公園の一角を占めるベルシー多目的スポーツセンターが建ち，また1989年にはそれまでルーヴル宮殿の一角を占めていた大蔵省が移転している。セーヌ川に一部突き出たその建物はユニークで，対岸のフランス国立図書館とともにベルシー橋周辺の風景を一変させている。

モンンパルナス・タワー

歴史的地区の修復

歴史的地区の修復としては，3区と4区にまたがるマレ地区の修復工事が挙げられる。この地区にはパリで最も古い広場であるヴォージュ広場（＝旧ロワイヤル広場）があり，その一角にはヴィクトル・ユゴー記念館（1832年から1848年までユゴーが住んでいた17世紀の館）がある。その周辺にはラモワニョン館（17世紀中頃に高等法院長ラモワニョンが有名な文人たちを客に招いた。現在はパリ市歴史図書館）やカルナヴァレ館（夫の任地プロヴァンスに住む娘に宛てた約1500通の手紙によって，書簡文学者として知られるセヴィニェ夫人が1677年から亡くなる1696年まで住んでいた。現在はパリ市の歴史を紹介する博物館）など，16〜17世紀の貴族の豪奢な館が軒を連ねている。そのひとつであるサレ館は修復改装されて，1985年からピカソ美術館になっている。ここには文化遺産を修復保存するだけでなく，それを新しい形で現在と未来に継承しようとするフランスの文化政策を見ることができよう。現在も，この地区にある歴史的価値を持った館の修復保存工事が根気よく行われている。

大蔵省

ピカソ美術館

ビジネスセンターの創設

ビジネスセンターとしては，1950年代からパリの副都心として計画された郊外のラ・デファンス地区の開発が挙げられる。（デファンスとは防衛という意味だが，それは1870〜71年の普仏戦争の際にプロシア軍の

Bienvenue en France **37**

侵攻からパリを防衛した戦いにちなんでつけられた。）今日この地区はユニークなデザインの高層ビルが林立する一大ビジネスセンターとなっているが，その中心となる記念建造物は，大革命200周年にあたる1989年にデンマークの建築家オットー・フォン・シュプレッケルセンのプランによって完成したグランド・アルシュ（高さ110m，幅106mで，36階建ての新凱旋門）である。これはわざわざルーヴル美術館の中庭の広さと同じ大きさで作られており，そこからエトワールの凱旋門，シャンゼリゼ大通り，コンコルド広場，カルーゼルの凱旋門まで一直線に見下ろせるように建造されている。そこには時間（歴史）と空間（景観）を重視し，新しい記念建造物を歴史的記念建造物に結びつけ，デファンス地区をパリの都市空間に溶けこませていく見事な都市計画を見ることができる。ちなみにグランド・アルシュはシャンゼリゼの延長線上に6度左を向いている。実はルーヴル美術館も6度ずれていて，シュプレッケルセンはグランド・アルシュとルーヴルを平行線上に置いたのである。

　パリの中心部では，第2帝政期のパリを舞台として『居酒屋』(1877)，『ナナ』(1880)など多くの作品を書いたエミール・ゾラが「パリの胃袋」(1873年の小説の題名)と呼んだ中央市場レ・アル（1区）の移転—1969年にパリの南郊，オルリー空港近くにあるランジスに移転—のあと，その跡地にモダンなショッピングセンター（フォーロム・デ・アル）が建てられた。地下3階までさまざまな店が集まり，映画館もあり，地下鉄（シャトレ・レ・アル駅）に直結しているこのセンターはとくに若者たちの人気を集めている。

文化施設の創設と整備

　フォーロム・デ・アルの東隣にあるボーブール地区にはポンピドゥー元大統領（在任1969-74）の主導により，一連の大規模工事でも最も早い1977年に完成したポンピドゥー芸術文化センターがある。20世紀の現代美術を展示する国立近代美術館があるこのセンターは，その前衛的な外観から当時は石油コンビナートのようだと酷評された。またアラブの文化を理解し，アラブとフランスとの文化交流を促進する目的で建てられたアラブ世界研究所（5区）は，ジスカール・デスタン元大統領（在任1974-81）

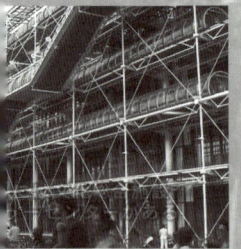

の構想によるもので，1987年にオープンした。サン＝ルイ島と向き合ってセーヌ左岸に立つ，アルミのパイプとガラスからなる超モダンな美しい建物である。

　さらにミッテランが大統領に就任した1981年以降，さまざまな文化施設の創設と整備がなされた。まず1984年に始まる「ルーヴル改造計画」である。ルーヴル宮殿の一角を占めていた大蔵省のベルシー地区移転（1989）に伴い，その一角（リシュリー翼）も美術館となる。古代文明から19世紀前半までの西洋美術を展示するルーヴル美術館の中央入口となるガラス張りのピラミッドは，中国系アメリカ人の建築家イエオー・ミン・ペイによる設計で，今やルーヴルのひとつの顔としてすっかり有名になっている。また1986年には，セーヌ左岸沿いの旧オルセー駅（7区）を改造して，印象派絵画を中心とする19世紀美術館として作られたオルセー美術館が完成している。さらに1990年には，フランス革命の最初の舞台となったバスティーユ広場に面して建造された新オペラ座（オペラ・バスティーユ）も完成している。なお1875年に完成した旧オペラ座（オペラ・ガルニエ）の方はバレエ専用となる。

　一方パリの北東部（19区）に位置するラ・ヴィレット地区でも，1984年から再開発が始められた。移転した食肉市場跡の広大な敷地には科学産業シティ館，グランド・ホール，音楽シティ館，ジェオド（球体映画館）など現代にふさわしい複合文化施設が作られ，新しい文化・レジャーの場となっている。

アラブ世界研究所

バスティーユ広場と新オペラ座

歴史が息づいている現代都市

　ミッテランをはじめとする国家元首の主導によるこれら一連の大規模な事業，そして日本のように部分発想的ではなく，全体発想的で総合的なコンセプトに基づいて実施されてきた都市計画は，世界のメディアに逐次取り上げられた。21世紀を迎えた今日，約2000年の歴史と文化遺産を持つパリは，経済的にも文化的にも，活力のある国際都市としての新しい顔を見せ始めている。無機質な高層住宅とコンクリートがこの都市の一部を侵食し，パリの景観も変化してきていることは確かである。しかし一方で，

この都市が持つ雰囲気と魅力はあまり変わっていない。パリに住み，パリを愛する市民がよく言うように「パリはつねにパリなのである。」(Paris est toujours Paris.) おそらくそれは，パリの歴史が刻んできた数々の記念建造物などに見られる過去の遺産の多くが化石化することなく今日も息づいており，新しい建造物や文化施設がそれらに融合して，パリという都市空間に新たな魅力と活力を与えているからだと思われる。

　古いものと新しいものが時間的にも空間的にも共存するパリは，どこを歩いても歴史が息づいており，興味はつきない。パリについてユニークな都市空間論を著した著書が最後に述べているように，「……時代を異にするさまざまな建造物や街並が奇跡的なまでに保存され，いたるところで中世から二十世紀までの痕跡が踵を接している」のがパリであり，「私たちは十七世紀の橋を渡ったかと思えば，五分後には十八世紀の広場を横切り，十九世紀の駅にたたずんだかと思えば，10分もたたないうちに二〇世紀の塔にのぼったりもするのであって，空間的移動がこれほどまでにダイナミックな時間的往還をともなう街はめずらしい」のである。(石井洋二郎『パリ ― 都市の記憶を探る』)

　パリは美術館の宝庫であるが，つぎの3つの美術館はぜひ訪れたい。
　・ルーヴル美術館　Musée du Louvre（古代〜19世紀以前の作品）
　・オルセー美術館　Musée d'Orsay（印象派を中心とした1848〜1914年の作品）
　・国立近代美術館　Musée National d'Art Moderne（1960年以前と以降の20世紀の作品；ポンピドゥー芸術文化センターの5，6階）

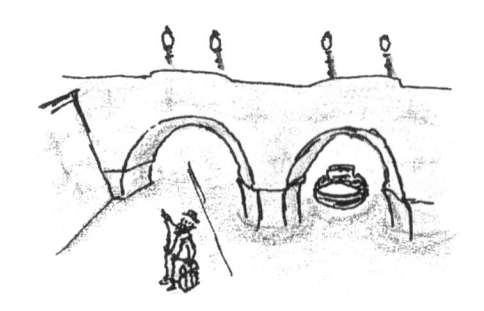

第2章 パリ

Parfait...

Bienvenue en France

3

パリを歩く

BALADES DANS PARIS

意外と小さな都市

　まずパリの地図を眺めてみよう。現在のパリ市は東西約12km，南北約9km，外周36km，広さ約105km²の楕円形で，セーヌ川が南東からパリのほぼ中心に位置するシテ島とサン＝ルイ島を挟むように流れ，南西に蛇行している。19世紀にティエールが構築した市壁（1841～45年）をパリ市の境界とし，1860年にそれ以前の12区から現在の20区に再編して以来，パリの市域はほぼ変わらない。今日では20世紀初頭に取り壊されたその市壁の外側をブールヴァール・ペリフェリック（外周環状道路）が走っている。

　パリ市内の主要な公共交通機関は，地下鉄とバスおよびR.E.R.（エール ウー エール）（パリ市内と郊外を結ぶ首都圏高速鉄道）である。1900年のパリ万国博を記念して開通した地下鉄（ロンドン，ベルリン，ニューヨークに次いで4番目）は，今日では1号線から14号線までパリ市内を網の目のようにめぐっている。駅から次の駅までの距離が非常に短いのも特徴である。バスの方は，交通渋滞などの理由から一時不人気となったが，1975年から地下鉄・バス・国鉄の共通運賃制度による便利な定期券（カルト・オランジュ）が導入され，地下鉄よりも安全ということもあり，最近では地下鉄と同様よく利用されている。

　ところでパリには，美術館や博物館や歴史的記念建造物など，見ておきたいもの，訪れたい所が数多くある。地下鉄を利用してそれらを効率よく見学するのもよい。バスに乗ってパリの町並みを眺めながら目的の場所に行くのも悪くない。しかしできればパリ市内を，石畳の通りを，底の厚い靴をはいて自分の足で歩いてみよう。ほぼ同じ高さの建物が立ち並び，景観をこわ

> 2006年5月から，Carte Orangeよりも早くて安全な定期券ナヴィゴNavigoが導入された。使い勝手は日本のSuicaとほぼ同じ。
> 2006年末からトラムが一部開通し始めた。

す広告も電柱もなく，広い通りを飾るマロニエやプラタナスなどさまざまな種類の街路樹のある町並みは美しい。仮にパリの北端から南端まで歩いても，東端から西端まで歩いても，どちらも半日足らずで十分行ける距離である。パリは意外と小さな都市で，たとえば東京の山手線の内側にほぼ相当する大きさなのである。パリ市内を自分の足と目で，いわば点ではなく線で辿って，この都市の歴史と魅力の一端を実感してみよう。

街路樹の美しい大通り

道に迷わない都市

とはいえパリは，人口200万人以上の人々が住み，日中はその数倍の人々が集まる大都市である。市内の多くの建物は5～7階建ての集合住宅であり，最近では高層建築が立ち並ぶ地区もある。また中心部のシテ島周辺の古い地区は，右岸も左岸も整然とした道路は少なく，入り組んだ路地などもある。しかし手元に地図があれば，道に迷うことはまずない。それはパリ20区の区分けと無数の街路と住居表示が体系的になされているからである。（ホテルなどに置いてある無料のパリ案内地図でもかまわないが，できればハンディーなパリ案内地図，Plan de Paris を1冊購入するとよい。）

まず区分けであるが，シテ島とルーヴル周辺を中心にして，ちょうどカタツムリの殻のように，右回りの渦巻状に20区に分かれている。また街路は，どんなに小さな路地でも，その街路の両端の建物を見上げれば，壁面に

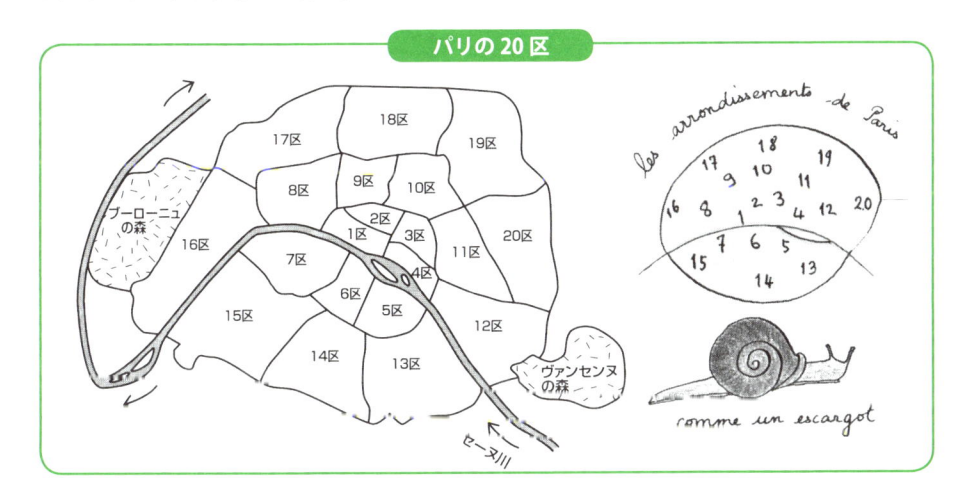

パリの20区

区と街路名と番地が記されている。公園でも，散歩道にはすべて名前が付けられている。そして番地は，原則としてセーヌ川に近い方から始まり，左側が奇数番号，右側が偶数番号，セーヌ川と平行している通りの場合は上流（東）から始まっている。これをしっかり頭の中に入れて地図を持って歩けば，誰でも目的の場所にまちがいなく行くことができる。

ちなみに街路名や広場名には，政治・経済・文化などの分野で歴史に残る業績を挙げた偉大な故人の名が多いので，それらを見ていくだけでも，フランスやパリの歴史と文化の一端に触れることができるほどである。

パリの住居表示

ボーマルシェ大通り
(1732-1799，作家)

城壁跡に沿って歩く

　パリはフィリップ・オーギュストの城壁からほぼ同心円状に拡大してきた都市である。12世紀末〜13世紀初めに国王フィリップ・オーギュストは防衛の目的で，シテ島を中心にパリを城壁で囲む。しかし西側を防備するために建造されたルーヴル城砦が城壁の外にあったことから分かるように，城壁に囲まれたパリは狭く，今日のシテ島とその周辺1kmくらいまでの大きさであった。それが当時の都市パリの空間であり，その中でシテ島は聖俗権力の拠点，右岸は市街地，左岸は大学地区としてそれぞれ発展する。今はないフィリップ・オーギュストの城壁（全長5.4km）をたどって，シテ島周辺をゆっくり散策してみたい人にはおすすめのガイドブックがある（宮下志朗『パリ歴史探偵術』「中世に飛ぶ」の項）。800年前の城壁（高さ10m，厚さ3m）の遺構が右岸にも左岸にもいくつかあることなどもこっそり教えてくれる興味深いパリ本である。（→パリ発展図②，本書32頁）

　次いで百年戦争の最中の14世紀後半，右岸が市街地としてフィリップ・オーギュストの城壁をはみ出すほど広がったこともあり，シャルル5世はひと回り大きな城壁を新たに築かせ，バスティーユ要塞を建造して東の防備を固めた。（左岸の地域は古い城壁を補強するにとどめている。）そのシャルル5世の城壁については，詳しくは上記宮下氏の本（「古地図のなかのパリ」の項）を参照してほしい。

　その後17世紀前半，ルイ13世が右岸に城壁を新造してシャルル5世の城壁の西側部分をさらに拡張している。そして17世紀後半，ルイ14世の

命によってこの2つの城壁が取り壊され，その跡地が並木の大通り（道幅36m，長さ4km以上）となり，馬車でも走れる遊歩道となった。やがて18世紀後半から19世紀前半にかけて，その大通りには大小の劇場や見世物小屋，カフェやレストランが立ち並び，19世紀を通してパリ一番の目抜き通りとなる。現在の2，3区と9，10，11区との境界ともなっている大通りで，グラン・ブールヴァール Grands Boulevards と呼ばれている。しかしオスマンによるパリ大改造を経て20世紀に入ると，流行の中心が西のシャン＝ゼリゼや左岸のモンパルナス，サン＝ジェルマン＝デ＝プレなどに移り，グラン・ブールヴァールは流行から取り残されていく。

メトロ（グラン・ブールヴァール駅）

グラン・ブールヴァールをたどって

それではフィリップ・オーギュストの城壁よりもかなり拡大された右岸のグラン・ブールヴァールを，かつての賑わいを想像しながら，ぶらぶら歩いてみよう。東のバスティーユ広場から西に半円状に，ボーマルシェ，フィーユ＝デュ＝カルヴェール，タンプル，サン＝マルタン，サン＝ドニ，ボンヌ＝ヌーヴェル，ポワソニエール，モンマルトル，イタリアン，キャプシーヌ，マドレーヌとつづく11の大通りである。

シルク・ディヴェール

ボーマルシェ大通りの名前は『フィガロの結婚』などで有名な18世紀の劇作家ボーマルシェ（彼の邸宅がこの大通りにあった）に由来する。フィーユ＝デュ＝カルヴェール大通りとタンプル大通りとの交差する場所には，1852年に建てられたサーカス小屋「シルク・ディヴェール」が今も残っている。芝居小屋の出し物に犯罪ものが多かったことから「犯罪大通り」とも呼ばれたタンプル大通り42番地にある建物にはプレートがあり，作家フロベールがその4階に1856～69年に住み，『サランボー』と『感情教育』を執筆したと記されている。レプュブリック広場を過ぎてサン＝マルタン大通りとサン＝ドニ大通りでは，サン＝マルタン門（1672年建造）とサン＝ドニ門（1674年建造）が忽然と姿を現わす。城壁が取り壊されたあと，ルイ14世の戦勝を記念して建造された凱旋門である。さらに劇場などがあるボンヌ＝ヌーヴェル大通り，庶民的な雰囲気のポワソニエール大通りを進む。ポワソニエール大通りの内側（南側）の通りは生地問屋街である。大通りの名前が変

サン＝ドニ門

Bienvenue en France 45

わるにつれて街路樹も種類を異にし，町の表情も少しずつ変わる。また大通りを歩いていると段差のあるところが多く，そこが城壁の跡であったことがよく分かる。歩くのに疲れたら，小さな通りに入ってカフェでひと休みしよう。パリの裏通りには，表通りの表情とは違った，いわば日常の顔つきのパリがある。

パサージュのある街

パサージュ
（本書の113頁の写真も参照）

モンマルトル大通りに来ると，大通りを挟んでグレヴァン人形館とヴァリエテ座があり，それぞれの脇にパサージュの入口がある。19世紀前半に盛んに建設された一種のショッピング・アーケードである。パサージュの中に入り，ガラス張りの屋根の下をぶらぶら歩いてみよう。オスマンによるパリ大改造以前のパリの素顔を偲ぶことができる。（パサージュ・ジュフロワとパサージュ・ヴェルドおよびパサージュ・デ・パノラマ。）そしてイタリアン大通りの先はいつも賑やかな旧オペラ座（オペラ・ガルニエ）広場で，その脇にある1875年開店のカフェ・ド・ラ・ペは今も健在で，そのテラスは多くの観光客で賑わいを見せている。その広場からキャプシーヌ大通りを経てマドレーヌ大通りを進むと，その先がマドレーヌ教会である。

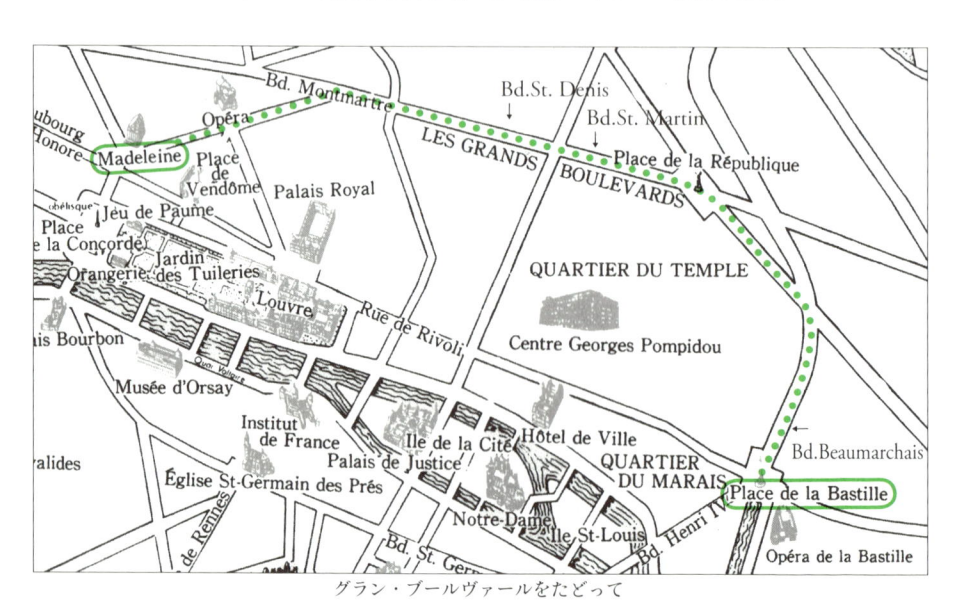

グラン・ブールヴァールをたどって

地下鉄1号線に沿って歩く

　つぎに歩いてみようと思うコースは，東のバスティーユ広場から西郊のデファンス地区までである。つまり地下鉄1号線に沿って東から西に歩くコースである。

　バスティーユ広場は，14世紀に建造されたバスティーユ城砦跡にある。城砦は17世紀から牢獄として使われたが，1789年のパリ市民によるバスティーユ奪取（7月14日）のあと解体された。今日では広場に面して1990年に新オペラ座（オペラ・バスティーユ）が建造されている。そのバスティーユ広場からサン＝タントワーヌ通り，リヴォリ通りを西に歩いてルーヴル美術館の中央入口まで行こう。ルーヴルの歴史は城砦として建造された12世紀末～13世紀初めに遡る。つまりルーヴルにはフランスとパリの8世紀の歴史が凝縮されているのだ。ルーヴル宮殿の一部が美術館となったのは1793年以降のことであるが，今日では美術館が占める宮殿の古い建物と1990年に完成した超モダンなガラス張りのピラミッドとの見事な結びつきが中央入口に見出されよう。

ルーヴル美術館の中央入口

地下鉄1号線に沿って歩く

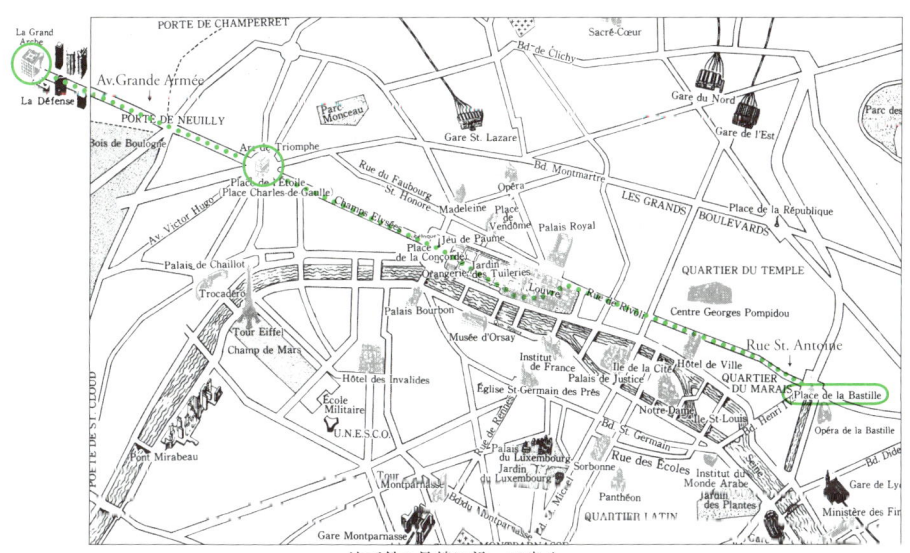

ルーヴルからシャンゼリゼへ

　そこから皇帝ナポレオン1世が遠征の勝利を記念して建造したカルーゼルの凱旋門をくぐり，チュイルリー公園のフランス式庭園を眺めながら，エジプトから贈られたオベリスクが中央に立つコンコルド広場(旧ルイ15世広場)に出て，エトワールの凱旋門のあるシャルル・ド・ゴール広場まで約2kmのシャンゼリゼ大通りの散歩を楽しもう。
　チュイルリー公園は，16世紀にフランス王家に嫁いだイタリアのメディチ家出身のカトリーヌ・ド・メディシスがイタリア式に造らせた散策用庭園を，17世紀にヴェルサイユの庭園を手がけた造園家ル・ノートルがフランス式に変えた庭園である。ルイ15世を称えて造られた「ルイ15世広場」は，その後「革命広場」や「国民広場」あるいは今日の「コンコルド（和合）広場」などに改称されたが，それはまた大革命勃発とそれ以後の激動するパリの歴史を如実に物語っている。今日ではパリで最も華やかなシャンゼリゼ大通りも，その名称（エリゼの園・楽園の意）がつけられた18世紀初頭にはまだ"ぬかるみと土ぼこりの野原"で，18世紀末になっても人影もまばらな淋しいところであった。シャンゼリゼが富裕階級の人気を得るのは第2帝政以降であり，流行の中心となるのは20世紀に入ってからである。

シャンゼリゼ大通り

2つの凱旋門にのぼる

　皇帝ナポレオン1世が建造を命じたエトワールの凱旋門（彼の存命中に完成されなかった）でひと休みしよう。第1次大戦で死亡した無名戦士たちの墓のある凱旋門の上にのぼって，そこから放射状に伸びる12本の大通りやエッフェル塔やモンマルトルのサクレ・クール聖堂などを眺望しよう。東側には今歩いてきたコースが見下ろせるし，西側にはこれから向かうラ・デファンス地区のグランド・アルシュが見えるはずだ。
　さてド・ゴール広場から西に向かってグランド・アルメ大通り，シャルル・ド・ゴール大通りを歩いてヌイイ橋を渡ると，高層ビルが林立するラ・デファンス地区に入る。ユニークなデザインの高層ビルや広場を飾る噴水や現代彫刻などを眺めながら，緩やかな傾斜の歩行者専用の幅広い遊歩道をのぼっていくと，その先に巨大なグランド・アルシュ（新凱旋門）が立っている（本

エトワールの凱旋門
(部分)

第2章　パリ

書38頁の写真参照)。エレベーターで展望台までのぼって，そこから今歩いてきたコースを見下ろしてみよう。エトワールの凱旋門，シャンゼリゼ大通り，コンコルド広場，カルーゼルの凱旋門……　そこにはルーヴル城砦が建造された1200年頃から大革命200年を記念してグランド・アルシュが建造された20世紀末（1989年）に至る，パリ800年の歴史全体があると言っても過言ではないだろう。

　ここでは駆け足で2つのコースを歩いたが，各人の関心に応じて，いろいろな散歩が楽しめよう。たとえばセーヌ川に架かる32の橋を渡って（あるいは眺めながら）河岸に沿って歩くのも面白い。全長12kmくらいになるので，2回に分けて歩くとよいかもしれない。あるいはパリの3大墓地（ペール・ラシェーズ，モンマルトル，モンパルナス）を訪れて，有名な文人，芸術家たちの墓に詣でるのもよい。(おすすめのガイドブックは石井洋二郎『パリ』「橋を渡る」「墓地を訪ねる」の項。)また週末に市内の主な公園（上記チュイリリー公園のほか，リュクサンブール公園，モンスリ公園，モンソー公園，ビュット・ショーモン公園などがある），ヴァンセンヌの森あるいはブーローニュの森を訪れてパリ市民の日常生活の一端を垣間見るのも楽しい。もしパリにしばらく滞在する機会があれば，パリ20区を散策してみよう。(おすすめのガイドブックは浅野素女『パリ二十区の素顔』。著者はパリ在住のジャーナリスト。)そこにはノートル＝ダム大聖堂やエッフェル塔だけではないパリ，美術館だけではないパリ，ショッピングだけではないパリがある。

参考文献
宮下志朗『パリ歴史探偵術』（講談社現代新書，2002），堀井敏夫『パリ史の裏通り』（白水Uブックス，白水社，1999 [1984]），石井洋二郎『パリ —都市の記憶を探る』（ちくま新書，1997），浅野素女『パリ二十区の素顔』（集英社新書，2000）

日曜日のセーヌ河岸は歩行者天国

2007年7月から，パリ市が無人レンタル自転車システム（ヴェリブ Vélib'）を導入した。約300mごとにある自転車置き場に設置されている券売機で1日券も購入できるので，その利用法をよく知って，市内を散策するのも楽しいかも。

Parfait...

Bienvenue en France

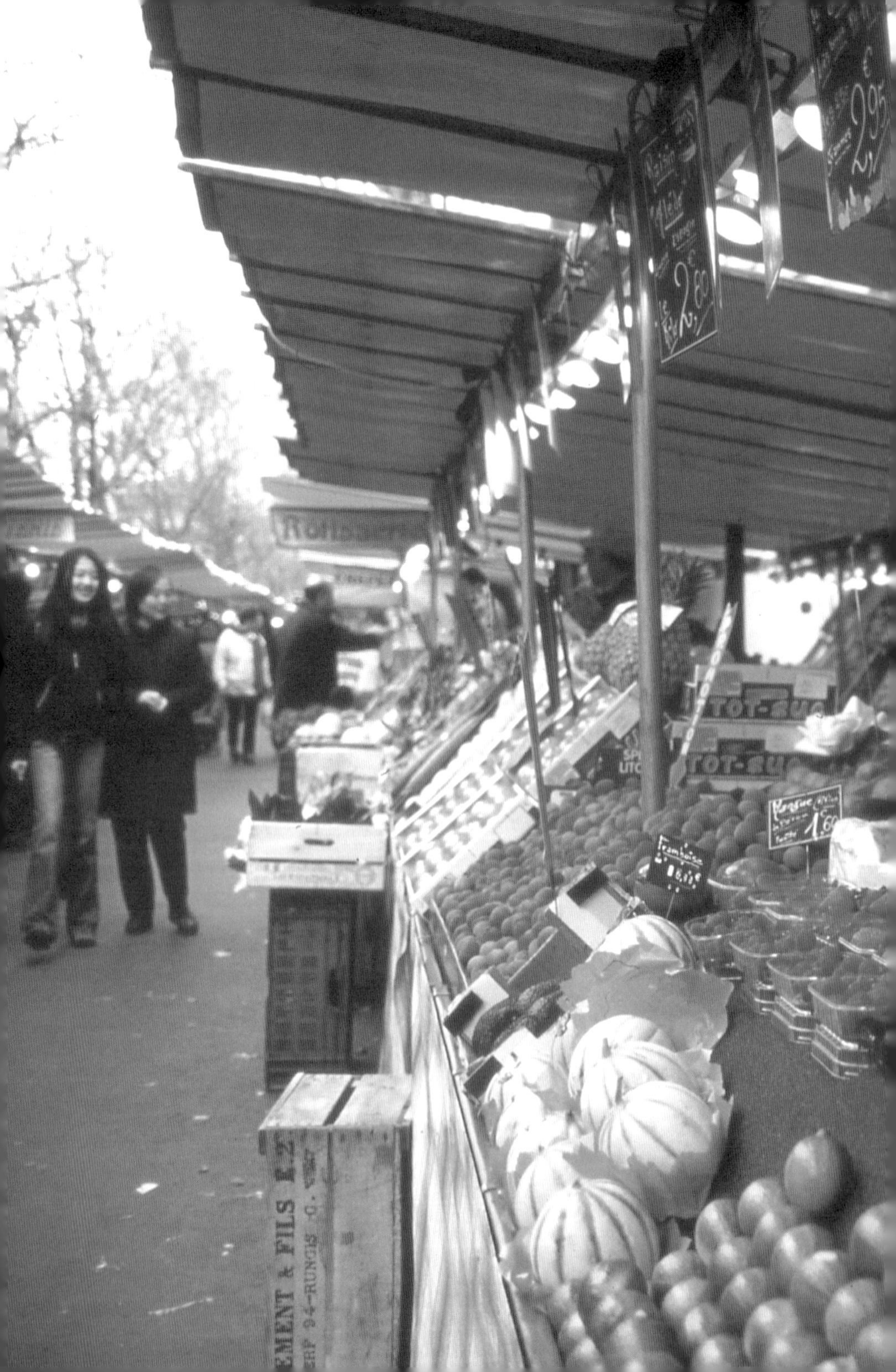
2,95
2,80
Framboise
1,60

第3章 地方

1

ブルターニュ

BRETAGNE

ブルターニュ地方

カルナックの巨石群

謎めいた巨石遺跡

「この地方とそこに住む人々はいつも人々の想像力をかき立てた」と，サン＝マロ生まれのシャトーブリアンは『墓のかなたからの回想』（1849）の中で書いている。実際，フランス西北端の半島を占め，英仏海峡と大西洋に面したブルターニュ地方には，かつて様々な物語や伝説が生まれたし，また先史時代の謎めいた巨石遺跡，フランス語とは異なる地域語（ブルトン語），この地方独特の風俗などが残っている。

　この地方にはメンヒル menhir と呼ばれる直立巨石やドルメン dolmen と呼ばれるテーブル状巨石など，紀元前3000〜2000年前後のものと推定される巨石遺跡が点在している。最も数が多く有名なのは，半島南のカルナック周辺（ル・メネク，ケルマリオ，ケルレスカン）にある巨石群である。約4kmにわたって総計3000近くのメンヒルが何列にも分かれて整然と立ち並んでおり，その中には重さが350トンに及ぶものや，高さが7メートルに達するものもある。この巨石遺跡については，何らかの宗教的意味をもつものであったと推測されているが，詳しいことは依然として謎である。

物語や伝説の舞台

　ブルトン語でアルモール（「海の国」の意味）と呼ばれるこの地は，5〜6世紀に，アングロ・サクソン族のブリタニア侵入によってその地を追われたケルト系のブリトン人に占拠される。彼らはこの地をブルターニュと名づける。

アングロ・サクソン族の侵入に対して，6世紀初頭にケルト人の抵抗を企てた半ば伝説的な英雄がアーサー（フランス語ではアルチュール）王である。アーサー王伝説は，12世紀に円卓の騎士などの要素が付け加えられ，物語化される。フランスでは，12世紀最大の物語作家クレチアン・ド・トロワがケルトの説話を題材に取り入れてアーサー王物語（『ランスロ』，『イヴァン』など）を書いている。（なおイギリスでは，15世紀にトマス・マロリーが『アーサー王の死』を書き，この物語を集大成している。）またこの「海の国」アルモールは，イギリスのコンウォールの若い騎士トリスタンが叔父マルク王の婚約者イズーをアイルランドに迎えに行くことから始まる宿命的な恋物語，有名な「トリスタンとイズー（イゾルデ）」伝説の舞台にもなっている。そのほか，沿岸部が「海の国」である一方，内陸部が「森の国」（ブルトン語でアルコアトまたはアルゴアト）であるこの地方には，人々を夢の世界に連れて行くような幻想的あるいは超自然的な話や伝説が数多くある。

フランス語と異なるブルトン語

　9世紀前半からブルターニュ公爵によって支配されたこの地方は，ブルターニュ公国として独自の歩みを続けるが，1532年にフランス王国に併合される。しかし近代になってもブルターニュは，フランス語と異なるブルトン語や独特の風俗によって，特異な地方と見なされてきた。19世紀にブルターニュを訪れた人たち（作家フロベールやモーパッサンなど）の目には，ブルトン語を話すこの地方は「異郷の地」と映ったようである。ブルトン語は5～6世紀にケルト系のブリトン人によってもたらされたケルト語のひとつで，半島の西側の地域（バス＝ブルターニュ）を中心に話されていた。20世紀前半までブルトン語は少数言語として虐げられてきたが，その後ブルターニュの自由・独立を主張する運動および地方分権化の動きとともにブルトン語の擁護運動が高まる。今日では地域語として復権し，他の地域語とともにバカロレアの選択科目となり，大学のみならず高校でも教育の場が与えられている。なお現在，フランス語とともにブルトン語を話す人口は60～80万人と推定されている。

En breton...
（ブルトン語では）

men-hir ＝ pierre longue
dol-men ＝ table de pierre
ar mor ＝ la mer（海）
ar coat (ar goat)
　　　＝ la forêt（森）

パルドン祭

　ブルトン語とともにこの地方の特異性を示すものは，宗教建造物および「パルドン祭」Pardonsと言われる宗教行事である。前者は，教会堂や納骨堂や墓地を1ヶ所に集め，入口を飾る「勝利の門」やカルヴェール（この地方独特のキリスト受難群像）を配した「聖堂囲い地」のことで，16～17世紀に信仰篤い人々によって建造された一種のキリスト教民衆芸術と言える建造物である。後者は，土地の聖人を仲立ちとして日頃の罪の赦し（パルドン）を神に願う，この地方独特の行事である。夏季（7～8月）を中心に各地で行なわれるパルドン祭では，教会広場に集まった人々がミサのあと，ろうそくや教区の旗や彫像を手に持ち，讃美歌を歌いながら，ケルト時代からと言われる道を練り歩く。参列者の伝統的な民族衣装，とくに女性たちが頭にのせる白いレース製の独特の被り物は印象的である。

パルドン祭

海と文化の地

　ところでアルモールつまり「海の国」と呼ばれたブルターニュと海とは切り離せない。この地方の海岸線は，海にのみ込まれて沈んだとされる都市イスの伝説の舞台となっているドゥアルヌネをはじめ，半島の西南部にあるギルヴィネック，コンカルノー，ロリアンなど数多くの良港に恵まれ，フランスの漁業の中心となっており，ムール貝とカキの養殖も盛んである。（なおコンカルノーとロリアンの間に位置するポン＝タヴァンは，画家ポール・ゴーガンを中心とする19世紀末のポン＝タヴァン派結成の村として知られる。）また19世紀から有名であったディナールやラ・ボールなどの海水浴場や変化に富んだ美しい海岸は，今も多くの観光客を惹きつけている。作家シャトーブリアンが生まれたサン＝マロは中世の城壁や城館が残る古い町で，半島の北岸にある素晴らしい景勝地である。かつて大航海と発見の時代に，冒険家ジャック・カルティエが生まれ故郷のこの港から3回にわたって（1534，1535-36，1541-42年）カナダ探検に出帆したことでも知られている（やがてフランスは17世紀になってケベックを中心に植民地経営に乗り出す）。

サン＝マロの風景

海の幸とクレープ

　海がこの地方に海の幸をもたらしてきたことは言うまでもない。先に挙げたムール貝やブロンという丸く平たいカキ，オマールエビ（ロブスター）をはじめ，どの魚介類の質も味も一級品である。これら海の幸とともに，ブルターニュを代表する料理は何と言ってもクレープ crêpe であろう。中世時代にソバの栽培を始めて以来，ブルターニュの人々は何世紀もの間ソバ粉で作ったクレープに魚介類やキノコなどを添えて，それを日常の食事としてきた。ブルターニュを訪れたときには，椀に入ったシードル（リンゴ酒）を飲みながら，ガレット galette と呼ばれる，独特の塩味のある伝統的なクレープを好みの具を添えて味わってみよう。

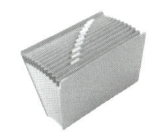

参考文献

ケルト文化を色濃く残すブルターニュ地方について：田辺保『ブルターニュへの旅 ─フランス文化の基層を求めて』（朝日選書，1992）

ブルターニュ風クレープの作り方

[材料] 4人前
- ベーコン 250g
- 小麦粉 125g
- そば粉 125g
- 塩 1つまみ
- 卵 3コ
- 牛乳 ...... 適宜
- ジロル茸、本しめじ、エリンギ等
- グリュイエルチーズ、卵

1. ベーコンは塊のまま水から湧かし1度湯でこぼした後，薄くスライスする（12〜16枚）。
2. 小麦粉，そば粉と塩を合わせてふるい，ボールに入れ真中をくぼませて卵を入れ泡立て器で混ぜ，全体の固さをみながら牛乳を加えてなめらかな生地を作る。
3. フライパンを使い中火でベーコンの油を溶かし，生地の1/4を流し込んだら200℃のオーブンへ入れる。片面が色づいたら，ひっくり返しオーブンへ入れる。同様に4枚焼く。
4. キノコやチーズをのせたり，目玉焼きを落としたりしてお好みで。

Parfait...

2

プロヴァンス

PROVENCE

プロヴァンス

世界史年表の紀元前121年を見ると「属州ナルボネンシス創設」とある。ローマ人が南仏に置いた最初の属州（プロウィンキア）のことで，プロヴァンスという地方名はこれに由来し，北はアルプス，南は地中海に限られる南仏一帯（サヴォワ，ドーフィネ，プロヴァンス，ラングドック）を指していた。ここでは，西はローヌ川が地中海に注ぐデルタ地域（カマルグと言う）から，東はニース，カンヌ付近のコート・ダジュールと呼ばれる地中海沿岸地方までをプロヴァンスとして，この地方の主な魅力を取り上げてみよう。

ガロ＝ロマン期の歴史建造物

早くからローマ帝国の支配下に入ったプロヴァンス，とくにローヌ川周辺の諸都市は，ガロ＝ロマン期（紀元前1世紀〜5世紀）の歴史建造物の宝庫である。ニームとアヴィニョンの中間あたりに，紀元前19年に建造されたポン・デュ・ガール（ガール橋）がその壮大な姿を見せている。高さ約50m，3層のアーケドからなる，ガルドン（ガール）川にかかる水道橋である。当時，全長約50kmにおよぶ導水路が，1日約2万立方メートルの水をユゼスからニームまで運び，泉水や共同浴場などにふんだんに供給していた。

ポン・デュ・ガール

ニームは，2世紀には人口2万人ほどの大都市となるが，その頃に円形闘技場やメゾン・カレ（方形の家）などが建造されている。前者は2万人以上の観客を収容する闘技場であり，後者はローマのアポロン神殿を模して建造された方形（奥行き26m，幅15m）の神殿である。ともに保存状態がよく，今

日も当時の姿をかなりよく残している。ニームの円形闘技場と対をなすのがアルルの円形闘技場で、ほぼ同じ時期に同じ規模で建造された。またアルルには古代劇場が紀元前27〜25年に建造されたが、今日ではごく一部分しか残っていない。一方、プロヴァンスの北の入口となる都市オランジュに残る古代劇場は保存状態がよく、毎年夏にはオペラの公演が行なわれている。そのほかオランジュには、カエサルをはじめとするローマ人によるガリア征服を記念する凱旋門も残っている。

アルルの円形闘技場

豊かな歴史と文化

以上はガロ＝ロマン期の主な歴史建造物であるが、プロヴァンスには、そのほかにも豊かな歴史と文化がある。14世紀に教皇庁の所在地となり、国際都市として発展したアヴィニョンの教皇宮殿と旧市街の見学も欠かせない。またアルルから北東に向かってレ＝ボー＝ド＝プロヴァンスにまで足をのばせば、その台地にある中世城塞都市の遺跡を訪ねることもできる。東のコート・ダジュールには、カンヌ北方の丘の中腹に香水の町として知られるグラースがある。フランスにおける香水製造の歴史はこの町から始まるが、そのきっかけを作ったのはフランス王アンリ2世（在位1547-59）の妃となったイタリア・メディチ家出身のカトリーヌ・ド・メディシスである。グラースは画家フラゴナール（1732-1806）の生まれた町でもあり、フラゴナール美術館がある。

美術と文学と音楽と

プロヴァンス地方はパリに次ぐ美術館の宝庫でもある。アンティーブのピカソ美術館、ニースのシャガール美術館やマティス美術館、マントンのジャン・コクトー美術館、サン＝ポールのマーグ財団美術館など数多くの美術館・博物館がある。実際、南仏の魅力ある自然と陽光あふれる温暖な気候は、この地に生まれたポール・セザンヌ（1839-1906）をはじめとして、印象派の時代から現代に至るまで、多くの画家・芸術家をひきつけてきた。

この地に2年余り滞在したファン・ゴッホ（1853-90）、一時アルルでゴ

サント＝ヴィクトワール山
セザンヌが様々な方向から描いた

ホと共同生活をしたポール・ゴーガン（1848-1903）、地中海海岸を旅行して南仏の風景を描いたクロード・モネ（1840-1926）、晩年の12年間をカーニュ＝シュール＝メール（ルノワール美術館がある）で過ごしたオーギュスト・ルノワール（1841-1919）。これらの画家たちのあとにも、この地に滞在あるいは定住した芸術家は数多くいる。スーティン（1894-1943）、モディリアニ（1884-1920）、ボナール（1867-1947）、シャガール（1887-1985）、マティス（1869-1954）、ピカソ（1881-1973）、ブラック（1882-1963）などである。

　文学では、まず12〜13世紀に新しい愛の観念を南仏オック語で歌いあげたトルバドゥールと呼ばれる一群の恋愛詩人・作曲家が挙げられる。近代では『昆虫記』全10巻を著したファーブル（1823-1915）もいるが、南仏を代表する作家はフレデリック・ミストラル（1830-1914）である。ミストラルはプロヴァンス語（南仏語）で作品を発表し、プロヴァンス語と文学の復興につくしてノーベル文学賞を贈られた。そのほか、南仏の風物を描いた短編集『風車小屋だより』あるいは「ドーデの風車」で有名なアルフォンス・ドーデ（1840-97）、「マルセイユもの」と呼ばれる一連の戯曲を書いたマルセル・パニョル（1895-1974）などがいる。なお「ノストラダムスの大予言」でその名を知られる16世紀の医者・占星学者ノストラダムス（1503-66）もプロヴァンス生れで、彼が晩年を過ごしたサロン＝ド＝プロヴァンスにはノストラダムス博物館がある。

　また音楽や演劇の愛好者には7〜8月のプロヴァンスは見逃せない。アヴィニオンでは半世紀余りの伝統を持つ演劇祭、エクス＝アン＝プロヴァンスでは国際オペラ音楽祭、オランジュでは19世紀後半に始められた芸術祭などが行われる。ちなみに5月のカンヌ国際映画祭は日本でもよく知られている。

「ドーデの風車」
（アルルの北東、フォンヴィエイユ村）

プロヴァンスの楽しみ方

　プロヴァンスには魅力あふれる自然と歴史と文化がある。冬から春の季節の変わり目に時折吹く激しい北西風ミストラルはこの地方の名物である。歴史建造物の見学や美術館巡りも楽しいが、陽光あふれるこの地方の自然に親しむのもよい。たとえばカマルグ地方自然公園に出かけて馬に乗り、牡牛やオオフラミンゴを見て楽しむ。その南西端にある地中海に面したサント＝

マリー＝ド＝ラ＝メール（海の聖女マリアたちの意）にも足をのばそう。2人の聖女マリアの伝説が残る巡礼の町であり，その教会はジプシーたちの巡礼でも知られる。あるいはセザンヌやゴッホゆかりの風景を訪ねて，エクス＝アン＝プロヴァンス（セザンヌのアトリエがある）やアルルを歩くのもよい。

　またこの地方の人々の暮らしぶりを垣間見るには，町をぶらぶら歩くのが一番だろう。赤褐色の瓦屋根と石造りの家が特徴的だ。マルシェ（市場）に行くと，ニンニクとオリーヴ油を使った南仏料理の食材となる新鮮な野菜や果物，地中海の魚介類，香草類・香辛料などが屋台に所狭しと並んでいる。午後の散歩では，あちこちの広場や公園で金属製のボールを転がしてペタンクに興じている人たちを見物するのも楽しい。そして絵のように美しい夕暮れの地中海を眺めたあとの夕食では，新鮮な魚介類の入ったブイヤベースやラタトゥイユ（野菜煮込み），あるいはアイオリ（ニンニク入りマヨネーズソース）で食べる野菜や魚の料理を，冷やしたロゼ・ド・プロヴァンスと一緒に楽しみたい。

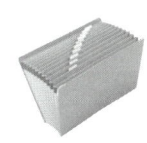

参考文献
プロヴァンスの歴史と文化について：牟田口義郎「プロヴァンスの歴史を歩く」（『読む事典　フランス』所収），杉富士雄『プロヴァンスの海と空　―歴史と文化の旅』（富岳書房，1992：ただし絶版）

Parfait...

Bienvenue en France　59

3

ロマネスクとゴシックの旅

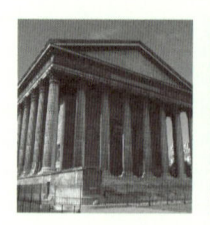

LE ROMAN ET LE GOTHIQUE: ARCHITECTURES

　　11世紀前半から13世紀末にかけてヨーロッパは繁栄の時期を迎え，その間に人口も3倍に増大する。ノルマン人の侵入が終わり，飢饉もなくなり（フランスでは1030～32年が最後），また疫病も少なくなり，多くの都市が発展拡大する。フランスではこの時期にロマネスク様式，次いでゴシック様式の教会（聖堂）が数多く建造されている。ロマネスク様式とは，本来「ローマ風建築」の意味であるが，ゴシック建築が出現する以前の中世建築を指す。ゴシック様式はフランスを起源とする主に12～13世紀の建築様式を指す。

　　それではロマネスク様式およびゴシック様式の代表的な教会をいくつか挙げながら，駆け足でロマネスクとゴシックの旅に出よう。

ロマネスク教会の特徴

　　地方によりそれぞれスタイルを異にするが，木造部分を排して丸天井などもすべて石造りとするロマネスク教会の特徴は，石壁が分厚く巨大で，しかも開口部が小さく，その数も少ないことである。そのため教会の内部は薄暗いが，簡素で落ち着いた雰囲気を持ち，半円形アーチを用いた石造建築の外観はどっしりとした重量感がある。半円形アーチを飾る彫刻群や柱頭彫刻などはロマネスクの造形美術として興味深い。そうしたロマネスク教会は主に11～12世紀に建てられているが，その多くは都市から離れた不便な場所にある。それは当時（12世紀前半まで），信仰や文化の中心が修道院であっ

たからである。修道士たちは人里離れた場所に修道院を建て、そこで厳しい規律の下に共同生活を営んでいた。

クリュニー派とシトー派

　最も有名な修道院は、フランス中東部のブルゴーニュ地方に建てられたクリュニー修道院とフォントネー修道院である。前者は、新しく修道院改革運動をおこすべく910年にベネディクト会士たちがクリュニーに創設した修道院であるが、やがて12世紀初頭にはフランスだけで800余の修道院が属する、ヨーロッパで一大勢力を誇る大修道院となる。（現在はほとんど廃墟と化している。）後者は、次第に巨大化し世俗化していくクリュニー派に対して、質素を求めてディジョン南方の小村シトーに1098年創設されたシトー派の、中心人物となる修道士ベルナールが1118年にモンバール近くの村に設立した修道院である。（この修道院は、大革命以後、製紙工場に転用されたが、20世紀初頭に修復されて、その簡素な美しさを見せている。）一方、フォントネーから北西に約60km離れた、小高い丘にある小村ヴェズレーには、クリュニー派の豪華な美意識を反映したサント＝マドレーヌ教会（12世紀）がある。

サント＝マドレーヌ教会

フランスのロマネスク教会

　こうしてブルゴーニュ地方にはロマネスク教会が数多く建てられることになる。上記2つの修道院、ヴェズレーのサント＝マドレーヌ教会のほか、トゥルニュのサン＝フィリベール教会、オータンのサン＝ラザール教会などが有名である。

　ブルゴーニュ以外の各地方（主に中部や南西部）にもロマネスク教会が散在している。たとえばオーヴェルニュ地方では、クレルモン＝フェランのノートル＝ダム＝デュ＝ポール教会やサン＝ネクテール教会、イソワールのサン＝オストルモワンヌ教会。プロヴァンス地方ではアルルのサン＝トロフィーム教会、ラングドック地方では、トゥールーズのサン＝セルナン教会やコンクのサント＝フォワ修道院付属教会、モワサックのサン＝ピエール修道院付属教会。ポワトゥー地方ではポワチエのノートル＝ダム＝ラ＝グラン

サン＝フィリベール教会

ド教会などである。ちなみにパリでは，サン＝ジェルマン＝デ＝プレ教会（6区）とサン＝ジュリヤン＝ル＝ポーヴル教会（5区）が挙げられる。

ゴシック教会

　　一方ゴシック教会は，フランス王国の中心イル＝ド＝フランスおよびその周辺の諸都市に建造される。ゴシック教会の最初の例は，歴代のフランス国王と王妃の墓所として知られる，パリ北郊にあるサン＝ドニ修道院付属教会である。（サン＝ドニは250年頃ローマから派遣されたパリ初代の司教。モンマルトルの丘で首を切り落とされて殉教したが，彼はその首を手にもって歩き始め，サン＝ドニで倒れたと伝えられる。その後この地に教会が建てられる。）

　　教会の建造（再建）は，1122年から修道院長となったシュジェ（1081-1151）の熱心な指揮のもとに1130年から始められ，1144年に完了した。ゴシック美術の最初の理論家と言われるこの修道院長は，神の栄光を称えるために，新技術を用いて壁面の大きな窓にはめ込まれたステンドグラスによって教会を豪華絢爛たる色で光り輝かせ，鐘塔や尖塔をより細く軽く高い形にしようと努めたのである。

　　こうして12世紀中頃から13世紀にかけて，巨大な石造建築を支える新技術（リヴ・ヴォルト＝肋骨穹窿という天井構造や壁を外側からアーチ状に支える飛び梁）を駆使して，尖塔形の高い丸天井と壁面の大きな窓を飾るステンドグラスをもつ，高く明るいカテドラル＝大聖堂（カテドラ＝司教座のある教会）が天に向かって立ちはじめる。パリ，ラン，ブールジュ，シャルトル，ランス，アミアン，ボーヴェ，ルーアンなど，主に北フランスの経済力のある諸都市に相次いでゴシック大聖堂が建造される。その多くは，12世紀後半から高まりを見る聖母マリア崇拝を反映して，聖母マリア（ノートル＝ダム）に捧げられている。ここではその中からゴシック建築の傑作，彫刻家オーギュスト・ロダン（1840-1917）が「フランスのアクロポリス」と呼んだシャルトル大聖堂を取り上げよう。シャルトルは，876年にシャルル禿頭王により寄贈された聖母マリアの生前の衣を持っていることで，主要な巡礼地となっていた。

シャルトル大聖堂

　パリから南西に約80km，肥沃なボース平野の小麦畑の中心にそびえ立つのが有名なシャルトル大聖堂である。ここはガリア時代，ドルイド教の聖地であった。やがてキリスト教が弾圧されたときに地下礼拝堂が作られた。9世紀の教会は1020年の火災で消失し，その後フュルベール司教の指揮のもとに再建されたが，その教会も2度（1134年と1194年）の火災にあう。しかしこの火災により損壊した教会の上にすぐに建造が始められ，今日の大聖堂の主要部分は1220年に完成する。わずか30年足らずの短期間で新しい大聖堂が再建されたわけであるが，それは何よりも人々の熱烈な信仰心によるものであった。重要な巡礼地であったこの地に理想の教会を再建するために，王侯貴族も平民もこぞって寄進し，建築現場では石工や彫工やガラス工など常時300人もの人々が働きつづけたという。

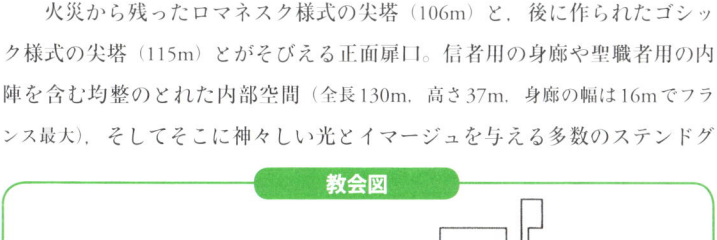

　火災から残ったロマネスク様式の尖塔（106m）と，後に作られたゴシック様式の尖塔（115m）とがそびえる正面扉口。信者用の身廊や聖職者用の内陣を含む均整のとれた内部空間（全長130m，高さ37m，身廊の幅は16mでフランス最大），そしてそこに神々しい光とイマージュを与える多数のステンドグ

ボース平野の麦畑に浮かぶ
シャルトル大聖堂

教会図

arc-boutant (m) 飛び梁
flèche (f) 尖塔
tour (f) 鐘楼
rosace (f) バラ窓
vitraux (m) ステンドグラス
tympan (m) タンパン
contrefort (m) 扶壁(ふへき)

❶ chapelle (f) 小礼拝堂
❷ chœur (m) 内陣
❸ déambulatoire (m) 周歩廊
❹ nef (f) 身廊
❺ transept (m) 翼廊
❻ abside (f) 後陣
❼ porche (m) ポーチ
❽ narthex (m) 玄関廊

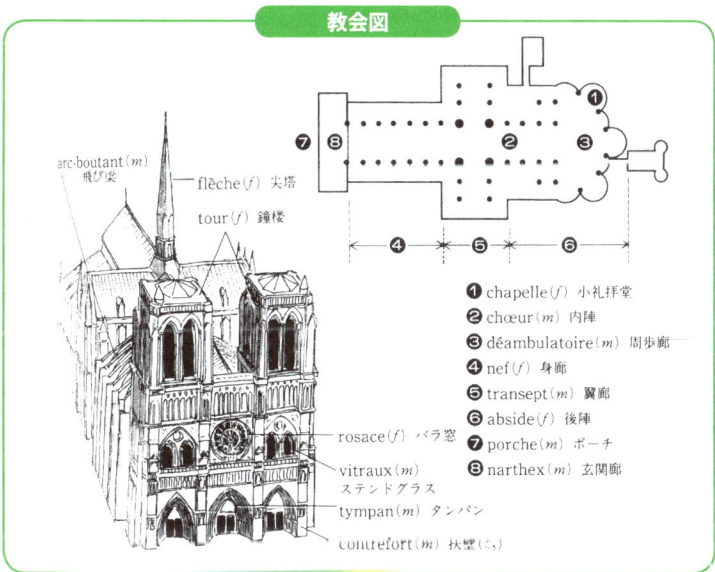

（白水社『ディコ仏和辞典』より）

ラスおよび西，北，南を飾る3つのバラ窓（正面の西側は「最後の審判」，北側は「旧約聖書」，南側は「新約聖書」の世界を描く）。これらはどれも美しく見事なものである。とくにステンドグラスの深く透明な青ガラスは「シャルトルのブルー」と絶賛されている。合計2000m²余に及ぶステンドグラスと巨大なバラ窓には，聖人たちの生涯や聖書の話が描かれているが，それらの図像は，数千体の彫像とともに，当時圧倒的多数を占めていた読み書きのできない人々を教化する役割も持っていた。大聖堂は言わば1冊の巨大な絵本であった。

聖地巡礼

　　今日シャルトルは観光地として有名であるが，同時に古くから聖母マリア信仰の伝統が息づいている聖地でもある。とくにカトリック詩人シャルル・ペギー（1873-1914）が行なった巡礼にならって，毎年春に行われる若者たちの巡礼（パリからシャルトルまで2日かけて歩く）は広く知られている。

　　ところで中世は信仰の時代である。キリスト教徒の信仰心は厚く，中世ヨーロッパでは聖地への巡礼が盛んに行われた。スペイン北西部のサンチアゴ＝デ＝コンポステラは，聖ヤコブ（サン＝ジャック）崇拝が熱狂的な広がりを示した11〜12世紀以降，ローマ，エルサレムと並んでキリスト教3大巡礼地のひとつとなった。先に挙げたロマネスク教会の多くは，フランスからサンチアゴへ向かう巡礼者たちの主要な巡礼路にある聖所であった。たとえばヴェズレーのサント＝マドレーヌ教会は，13世紀末までマグダラのマリアの聖遺骸をもつ教会と信じられて多くの巡礼者を集め，聖地への出発地のひとつでもあった。またパリでは，ノートル＝ダム大聖堂前から南に向かうサン＝ジャック通りがこの巡礼のスタートであった。

　　なお今日フランスでは，ピレネー麓にあるルールドのノートル＝ダム教会が巡礼地として非常に有名である。聖母マリア信仰が高まっていた19世紀半ば，洞窟で聖母マリアの姿をしばしば目にしたという羊飼いの少女ベルナデットの奇跡（1858年）以来，ルールドは世界各地から数多くの巡礼団を集める聖地となっている。

巡礼の聖地ルールド
（Lourdes）

参考文献
フランス・ロマネスク教会について：饗庭孝男『フランス・ロマネスク』（山川出版社，1999）。池田健二『カラー版　フランス・ロマネスクへの旅』（中公新書，2008）ロマネスクとゴシックの教会について：馬杉宗夫『大聖堂のコスモロジー』（講談社現代新書，1992）

Parfait...

4

ロワール川流域

VAL DE LOIRE

フランスの庭

　　ロワール川はフランス中南部の中央山塊に源を発し，ナント付近で大西洋に注ぐフランス最長の川（1012km）である。オルレアンからナントに至るロワール川流域は，温和な気候と森や川や肥沃な土地に恵まれ，なだらかな丘陵には牧草地やブドウ畑や果樹園などが混在する風光明媚な一帯で，昔から「フランスの庭」と呼ばれてきた。美しいフランス語が発音される地域とも言われている。

　　このロワール川流域には15～16世紀に建てられた王侯貴族のシャトー（城館）が数多く残っており，今日「ロワール古城巡り」が観光コースになっているほどである。それはヴァロワ朝（1328～1589）の諸王がこの地方を好み，この流域一帯の森に新しい狩猟場を求めてロワール河畔に滞在し始めたからである。やがて15世紀末から16世紀前半の国王たち，シャルル8世（在位1483-98），ルイ12世（在位1498-1515），フランソワ1世（在位1515-47）などが，イタリア・ルネサンスの影響を受けて，防衛を目的とした暗く陰鬱な城砦風の城館を，強固ながらも明るく端麗なルネサンス風に改築・再建し，あるいは壮麗な城館を新たに建造し，しばしばそこに宮廷を置いた。（当時，宮廷はパリに固定していたわけではなく，国王とともにフランス国内を移動することが少なくなかった。）

ロワール川流域

ルネサンス期のシャトー

ブロワ城 それではロワール河畔に建てられた代表的なシャトーをいくつか訪れてみよう。13世紀の建築が一部残るブロワ城にはルイ12世とフランソワ1世が住み，それぞれ大規模な改造を行なった。この城館は17世紀前半にも増築されたので，各時代の建築様式（ゴシック，ルネサンス，クラシック）が見られる。ブロワ城をめぐる各時代の波乱に富んだ歴史の中で最も有名な事件は，アンリ3世（在位1574-89）によるギーズ公の暗殺事件である。1588年12月，国王に不満を抱き野心を持つギーズ家の首領アンリ・ド・ギーズをアンリ3世がブロワ城におびき寄せて暗殺した事件であるが，その8ヵ月後にはアンリ3世もパリ郊外で暗殺される。王位継承者となったブルボン家のアンリ・ド・ナヴァールはアンリ4世として新王を宣言するが，新教徒の国王ということで王国内の混乱がおさまらず，1593年に旧教に改宗する。

ブロワ城

アンボワーズ城とシャンボール城 シャルル8世による古い城塞の改築と拡大，ルイ12世による造営を経てフランソワ1世により完成した城館がアンボワーズ城である。フランソワ1世は王位に就いた最初の3年間をこの城館で過ごし，その後もしばしばここに滞在している。「文芸復興の父」とも言われるこの国王は，晩年のレオナルド・ダ・ヴィンチを招聘し，城館近くのクロ・リュセの館に住まわせた（1516～19）。なおフランスの新教徒ユグノーによる国王フランソワ2世（在位1559-60）奪取計画が失敗し，多数の新教徒が処刑・虐殺された「アンボワーズの陰謀事件」（1560）はこの城館で起きた。ほどなくフランス国内は，新旧両派の対立に政治的利害がからんだ悲惨な宗教戦争（1562～98）に入っていく。（1572年には，アンリ・ド・ナヴァールと王妹マルグリット・ド・ヴァロワの結婚式のためにパリに参集していた多数の新教徒が虐殺された「サン・バルテルミーの大虐殺」事件が起こっている。）

アンボワーズ城

フランソワ1世が情熱を傾けて造営したのがシャンボール城で，440の部屋を持つロワール河畔最大の城館と王の狩猟場となっていた広大な庭園がある。フランソワ1世の死後，息子のアンリ2世（1547～59）により建造が続けられ，最終的にはルイ14世によって完成された。その堂々たる外観はま

シャンボール城

Bienvenue en France **67**

さにフランス・ルネサンスのシャトーと言えるものである。

ロワール河畔には、このほかにも訪れたいシャトーが数々残っている。たとえば、アンリ2世の愛妾ディアーヌ・ド・ポワチエや王妃カトリーヌ・ド・メディシス（アンリ2世の事故死のあとディアーヌを追い出して城主となる）など、数人の貴婦人たちが城主となった城館で、シェール川（ロワール川の支流）にその優美で女性的な姿を映し出しているシュノンソー城、美しいフランス式庭園と菜園で知られるヴィランドリー城、水と緑に囲まれ、調和のとれた建築で典麗な姿を泉水に映し出すアゼ＝ル＝リドー城、シャルル・ペロー（1628-1703）の『童話集』（1697）にあるお話「眠れる森の美女」の舞台となったと言われるユッセ城、等々。ちなみにガイドに導かれて城館内を見学していると、トイレだけではなく廊下がないことに気づく。部屋が次々とつながっていて、一番端の部屋に行くにはその間にあるすべての部屋を通り抜けて行かなければならない。これは17世紀のヴェルサイユ宮殿などでも同じであった。当時は今日のようなプライバシーの観念はなかったようである。

シュノンソー城

ヴィランドリー城

ロワール流域略図

（白水社『フランス語を話そう！フランスを知ろう！』より）

ロワール流域に生まれた作家・詩人

　ロワール川流域に生まれた代表的な作家・詩人も挙げておこう。実に滑稽かつ真面目な物語『ガルガンチュアとパンタグリュエル』(1532-52) を書いたフランソワ・ラブレー (1483-1553) は、シノンの近郊ラ・ドヴィニエールに生まれたとされる。そこにあるラブレーの生家は博物館になっている。ロワール川流域はブドウ畑が点在するワインの産地としても知られ、シノンの赤はアンジューのロゼとともに有名である。ラブレーの物語では、巨人ガルガンチュアが「飲みたーい！　飲みたーい！　飲みたいよー！」と叫んで生まれたし、この巨人王と隣国との戦争の話は、作者が幼少期を過ごしたシノン付近が舞台となっている。なおシノンには、百年戦争の最中の1429年に、ジャンヌ・ダルク (1412-31) が祖国フランスを救うべく国王シャルル7世 (在位1422-61) に会見を求めて赴いた城塞の廃墟がある。

　同じ16世紀、詩の革新を目ざしたプレイヤッド詩派の首領そして宮廷詩人となり、詩のあらゆるジャンルで数々のすぐれた作品を残したフランス近代詩の父ロンサール (1524-85) は、ヴァンドームのラ・ポッソニエールの館 (今日も残るルネサンス風の館) に生まれている。この大詩人は、自らを「ヴァンドーモアの人」と名乗り、故郷の緑豊かな自然をこよなく愛し、ガチーヌの森やル・ロワール (ロワール川の支流) など、その自然の美しさを詩の中でしばしばうたっている。また同じプレイヤッド詩派の詩人で、詩派の宣言書とも言うべき『フランス語の擁護と顕揚』(1549) を発表したジョワシャン・デュ・ベレー (1522-60) もロワール河畔近くのリレに生まれ、その生れ故郷をうたっている。1533年に国王特使としてローマに赴いた従兄ジャン・デュ・ベレー枢機卿に秘書として随行したこの詩人は、異国の地で不安と悔恨の日々を送り、遠い故郷のリレ村とアンジュー地方を偲んでいる。『愛惜詩集』(1558) 所収の有名なソネット31番の1節 (最後の3行) を挙げておこう。

　　　ラテンのテベレ川よりガリアのわがロワール川が、
　　　パラティヌスの丘よりわが小さなリレが、
　　　海風よりアンジューの優しさが [私は好きだ。]

ラブレー

ロンサール

デュ・ベレー

17世紀には，近代精神の記念碑となる『方法序説』(1637) を著したデカルト (1596-1650) がトゥーレーヌ地方のラ・エに生まれている。また近代では，『ゴリオ爺さん』(1834) など数々の小説で知られる大作家バルザック (1799-1850) がトゥールに生まれ，15才のときに一家がパリに移住するまでヴァンドームで育っている。彼が少年時代を過ごしたトゥーレーヌを舞台にした恋愛小説の傑作『谷間のゆり』(1836) では，作者と思しき青年フェリックスがトゥーレーヌについてこう語っている。「私は芸術家が芸術を愛するようにここを愛しているのです。」

参考文献
ロワール地方の歴史と文化について：田辺保『ロワール川　流れのままに』(恒星出版，2001)。ロワール川流域のシャトーにまつわる歴史物語 (15〜17世紀)：アンドレ・カストロ『中世ロワール河吟遊』(田辺保訳，原書房，1993)。

第3章　地方

Parfait...

5 ヴェルサイユ

VERSAILLES

　首都パリを取り巻くイル＝ド＝フランス地方には，パリから日帰りで行ける名所旧跡が数多くある。たとえば，北部ではエクーアン（16世紀の城館があり，現在はルネサンス博物館となっている），シャンティイ（シャンティイ城には，城主コンデ公が所有していたすばらしいコレクションを持つコンデ美術館がある）など。西部ではサン＝ジェルマン＝アン＝レー（しばしば宮廷が置かれた16世紀の城館と庭園がある。城館の中は国立考古学博物館となっている）など。南西部ではヴェルサイユ，シャルトル（シャルトルについては「3. ロマネスクとゴシックの旅」を参照）など。南東部ではフォンテーヌブロー（歴代の王が改装しながら居住した城館と庭園がある），バルビゾン（ミレー，コローなど「バルビゾン」派の風景画家たちが住んだ村）などである。これら名所旧跡の多くは，かつて王族が狩猟を楽しんだ場所で，広大な森に囲まれた美しい自然環境に恵まれたところにあるので，城館や庭園など第一級の歴史的建造物の見学だけではなく，由緒ある町の散策やピクニックも十分楽しめる。パリに滞在したときには，パリ市内だけではなく，少し足をのばしてこれらの土地のいくつかを訪れたいものである。それらの中でここではヴェルサイユを取り上げよう。

宮殿の建築と造園

　パリ南西およそ22kmにあるヴェルサイユは，宮殿が建てられる以前の17世紀初頭には，沼沢地帯と森に囲まれた人口わずか数百人の小村であった。

少年の頃から父アンリ4世と狩猟に来ていたルイ13世（在位1610-43）は，この地に狩猟用の別荘，次いで小さな城館を建てた（1632年）。やがてわずか5才で即位した息子のルイ14世（在位1643-1715）は，宰相マザランの死（1661年）を機に親政を始め，父の城館に大改造をほどこして壮麗かつ独創的な新宮殿を建造することを決意する。フロンドの乱（1648～53年。王権の伸長に反対して諸勢力が起こした反乱）以来パリとルーヴル宮を好まなかった国王は，ヴェルサイユに貴族たちを集めて彼らを宮廷人として隷属させ，王権を誇示するとともに，それに不満を持つ貴族たちを抑え込もうとしたのである。

芸術作品としてのヴェルサイユ

　さてヴェルサイユ宮殿の建築と造園に当たったのは当代一流の芸術家・職人たちである。宮殿の建築は建築家ル・ヴォーとマンサール，宮殿内の装飾は画家ル・ブラン，庭園は造園家ル・ノートルがそれぞれ指導・監督に当たったが，国王自身も彼らに指示を与えた（実はマンサールを除く3人は，財務長官フーケのために数年前からヴォー・ル・ヴィコント城館の造営に従事していた。1661年夏，フーケは完成した城館にルイ14世を迎えるが，国王の嫉妬と怒りを招き失脚する）。ルイ14世は早速，ヴォー・ル・ヴィコントをはるかに凌ぐ壮麗な宮殿の建設と造園を命じたが，その工事はおよそ半世紀にわたって続けられる。膨大な量の土や石などを運ぶのにおびただしい数の人と馬が動員され（1685年頃に至っても，3万人以上の職人と数千頭の馬が工事を続けていたという），総費用も莫大なものであった。王と王妃の「大居室」などの本格的工事は1668年から始められた。西側の大庭園に面した宮殿2階の有名な「鏡の回廊」（長さ75m，幅10m，高さ12m）は1687年，庭園内の離宮「グラン・トリアノン」は1691年に完成している。

ルイ14世の夢と栄光

　宮廷と政府がパリからヴェルサイユに移ったのは1682年である。しかしルイ14世は，その10年ほど前からヴェルサイユに滞在していた。何よりも豪奢とスペクタクルを好んだ国王は，王宮が完成する以前からそこに宮廷

人を集め、1666年の「大噴水祭」をはじめとして大掛かりな祝宴や音楽会や芝居の上演などを頻繁に催した。自ら楽器（リュートやクラヴサン）を演奏するほど音楽好きであった国王のお気に入りの音楽家はリュリとドラランドで、彼らの作曲したバレエ曲やオペラやモテット（宗教的声楽曲）が宮殿や庭園で演奏され上演された。芝居好きでもあった国王はモリエール（1622-73）を気に入り、一座に「国王の劇団」として年金を与え、ヴェルサイユでもモリエール劇（とくに舞踏劇）を上演させている。1664年5月の宮殿の一部完成を祝う祭典「魔法の島の悦楽」では『タルチュフ』（最初の3幕）その他が上演された。1668年7月には舞踏劇『ジョルジュ・ダンダン』が1500人の観客を前にして庭園の仮設舞台で上演され、最後に花火が打ち上げられたという。ラシーヌの悲劇『イフィジェニー』も1674年の祝宴で上演されている。

　日常の娯楽には狩猟や玉突きなどもあったが、国王がとくに好んだのは庭園の散策で、自ら『庭園案内』を書いているほどである。1700ヘクタールにも及ぶ広大な庭園は、国王お気に入りの造園家ル・ノートルの設計による幾何学的図形をおもわせる秩序立ったフランス式庭園で、彼の傑作と言われている。

　ほどなくヴェルサイユには、宮殿の周辺に貴族の邸宅が立ち並ぶ。使用人を含めておよそ3000人が住む宮殿、当時のヨーロッパの政治・文化の中心となるが、その壮麗な宮殿も庭園も祝祭空間も、すべてルイ14世が創り出した舞台と言っても過言ではない。そして宮廷がヴェルサイユに移ってからは、国政上の問題から日常のさまざまな娯楽や礼儀作法に至るまで、あらゆる事柄が「太陽王」（太陽はルイ14世の紋章）の意向と好みを中心に進められた。ルイ14世自らが発した言葉かどうかは定かではないが、「国家、それは私だ」（L'Etat, c'est moi !）という言葉に象徴される絶対君主ルイ14世の夢と栄光は「ヴェルサイユという舞台」で実現したのである。

ルイ14世

その後のヴェルサイユ

　しかし一方で、54年間に及ぶルイ14世の親政の大半は、1665年から財務長官となった事実上の宰相コルベールの重商主義政策により、イギリスやオランダとの対外戦争に明け暮れた。相次ぐ莫大な軍事費、そして贅をつく

したヴェルサイユ宮殿の建造と豪奢な宮廷生活を維持する費用はすべて租税収入からであり、増税に最も苦しんだのは、聖職者と貴族以外の圧倒的多数を占める非特権階層すなわち一般民衆であった。コルベールの死（1683年）の頃から現れていた財政危機にもかかわらず、その後も同じ絶対主義政策を続けたルイ14世の治世末期は、フランス王国の栄光も衰退の一途を辿る。ルイ14世自身も、王太子ルイの病死（1711年）など不幸な出来事が加わり、1715年にこの世を去り、王の曾孫に当たる幼少（5才）のアンジュー公ルイがルイ15世（在位1715-74）として王位につく。

　ルイ15世はヴェルサイユに常住することを好まず、ランブイエやフォンテーヌブローなどに滞在することが多かったようである。またルイ15世が簡素好みであったこともあり、先王の時代にあった宮廷の厳格なしきたりや礼儀作法は次第に緩やかで簡素になっていく。ルイ15世の時代に流行した簡素な家具は「ルイ15世様式」として、現代でも人気のあるスタイルである。ルイ14世のような豪華さよりも、人間味ある様式が好まれたからであろう。

ヴェルサイユ宮殿（中庭）での劇の上演（1674年）

ルイ16世（1754-93；在位1774-92）の王妃マリー＝アントワネット（1755-93）は宮廷の堅苦しい礼儀作法を脱ぎ捨てて，「小トリアノン」（1768年に完成）に住むことを好み，やがて農婦となってキャベツを植えたり雌鳥を育てたりすることまで夢みた。1783年には「小トリアノン」の庭園に「王妃の家」や水車小屋，鳩小屋などからなる「小集落」(hameau) を建てさせている。なおこちらの庭園は，フランス式庭園である大庭園とは異なって，曲がりくねっ

大運河から眺めたヴェルサイユ（1710年頃の版画）
手前の大運河（西）から上（東）に，「アポロンの泉水」「王の散歩道（緑の絨毯）」「ラトーヌの泉水」「シャトー（宮殿）」。

た小径や小川や池を配した，一種の英国・中国式庭園となっている。ちなみに当時はジャン＝ジャック・ルソー（1712-78）の影響からか，自然の中で生活を楽しむことが流行していた。

　…1789年10月6日，ヴェルサイユに集まった1万余の民衆の要求と圧力に国王一家はパリに連行され，同時に宮廷も政府もパリに移される。フランス革命下の混乱期，ナポレオンによる第1共和制，皇帝ナポレオン1世による第1帝政を経て，王政復古（1814～30）および7月王政（1830～48）の時期に王位についたルイ18世（在位1814-24）もシャルル10世（在位1824-30）もオルレア公ルイ＝フィリップ（在位1830-48）も，もはやヴェルサイユに住むことはなかった。

マリー＝アントワネット

ルイ16世

参考文献

ヴェルサイユ宮殿およびルイ14世の宮廷生活について：リュック・ブノワ『ヴェルサイユの歴史』（瀧川・倉田訳，文庫クセジュ，白水社，1999），クレール・コンスタン『ヴェルサイユ宮殿の歴史』（伊藤俊治監修，遠藤ゆかり訳，知の再発見双書，創元社，2005）。アンリ4世からルイ16世までのブルボン家の歴史について：長谷川輝夫『聖なるブルボン王家』（講談社，2002）

フランス幾何学式庭園について：岩切正介『ヨーロッパの庭園』（中公新書，2008）

Parfait…

6

ボルドーと大西洋海岸

BORDEAUX ET LA CÔTE ATLANTIQUE

ボルドーと言えば，まず頭に浮かぶのはワインであろう。ボルドーワインの歴史は古く，カエサルのガリア征服に伴い，ローマ人がボルドー周辺つまりガロンヌ・ドルドーニュ両河岸の丘陵でブドウ栽培を始めたのが最初と言われている。すでに4世紀には，ボルドー生まれの詩人オーゾンヌ（ラテン名アウソニウス）がこの地のワインを称賛する詩を残している。そこでまずワインを中心にボルドーの歴史を簡単に振り返ってみよう。

ボルドー小史

　4世紀前後からボルドー一帯はさまざまな異民族（ゲルマン民族，アラビア人，北方民族など）の攻撃や侵入を受け，そこに平和が訪れるのはアキテーヌ公領に併合された11世紀前半のことである。その頃に教会を中心に町作りが進められ，ブドウ栽培も盛んになる。やがて1152年に国王ルイ7世と離婚したアキテーヌ公の一人娘アリエノールが，イギリス国王ヘンリー2世（在位1154-89）となるアンジュー伯アンリ・プランタジュネと再婚したため，フランス南西部のアキテーヌ地方は以後約300年の間イギリス領となる。この時期にボルドーは海上貿易の重要な中継地として繁栄し，ワインもイギリスをはじめとして北欧にまで輸出された。ところが百年戦争末期の1453年にフランス領に戻ると，国王シャルル7世（在位1422-61）は，この戦争を通じてイギリスを支援していたボルドーに対してイギリスへのワイン輸出禁止などの報復措置を講じ，ボルドーの町もボルドーワインも一時低迷期を迎える。

しかしボルドーは，やがてフランスの重要な港湾都市・商業都市として復活し，とくに新大陸との交易ではフランス ─ アフリカ大陸 ─ アメリカ大陸間のいわゆる三角貿易によって財を貯え，18世紀には黄金期を迎える。市の中心にある証券取引所やパリの旧オペラ座（オペラ・ガルニエ）のモデルとなった大劇場をはじめとして，貴族や富豪たち（ブドウ畑の所有者，銀行家，大商人など）の大邸宅がこの18世紀に建造されている。こうしてガロンヌ川の河岸に香辛料や穀物やワインを積んだ船が出入りし，国際色豊かなにぎわいをみせていたボルドーであったが，その繁栄も19世紀後半から停滞し始める。もっぱらブドウ栽培などの農業と海運による商業活動に依存してきたボルドー一帯は，工業化や輸送手段の発達など，時代の新しい変化に対応できず，港も次第に活気を失っていく。また1870年代にはブドウの害虫が蔓延し，ボルドーのブドウ畑が全滅する大打撃受けている。しかし今日，ボルドーはそれらの危機を乗り越えて，18世紀の繁栄の跡をとどめながら，アキテーヌ（フランス南西部の地域圏）の経済・文化の中心都市として再び活気を取り戻している。それを象徴するのが架線のないトラム（路面電車）である。2003年12月の開業以来，路線網も増え，今や人々の欠かせない足になっている。

ガロンヌ川にかかるピエール橋

ボルドー市街（中心部は右手に広がる）
写真右側の大きな建物が大劇場（グラン・テアトル）

ボルドーワイン

　さてご存知のとおり，ボルドーは世界最大の高級ワイン生産地として知られている。実際，ブドウ畑は南北105km，東西130kmに広がるジロンド県全体に及び，耕地面積の3分の1（約11万ヘクタール）を占めている。主流は赤ワインであるが，近年は白ワインの生産も増え，全体の25％を占めている。しかし一口にボルドーワインと言っても，生産されるワインの種類はその土壌と品種によってさまざまである。別掲の地図に見るとおり，産地はメドック地区（赤ワインの代表産地），グラーヴ地区（赤・白ワイン），ソーテルヌ地区（甘口の白：貴腐ワインで有名），アントル・ドゥ・メール地区（辛口白ワイン），サン＝テミリオン地区（赤ワイン），ポムロール地区（赤ワイン）などいくつかの地区に大別され，さらに各地区の町や村に分けられる。

　これら数多くのワインの種類や格付けなどについては日本でも出版されている解説書に譲って，ワインを選ぶときのごく基本的な点だけを述べておこう。（『事典 現代のフランス（増補版）』の「料理・酒」の章に，フランスの主要なワイン産地と代表的な銘柄とその特徴が簡明に記されている。）

　まずビンの形はワイン産地によって異なるが，ボルドーワインのビンの形はいかり肩である（ブルゴーニュワインはなで肩）。またボルドーワインはブドウ畑とワイン醸造所を兼ねるシャトー（ボルドーには8000以上のシャトーがある）ごとに名前がついている。それぞれ種類も品質もかなり違うし，同じ種類でもブドウの収穫年によって味も値段も異なるが，一般的にはビンのラベルに明示されている産地名が詳しく限定されているほど上質のワインとなる。たとえばボルドーよりメドック（地区），メドックよりもポーイヤック（村＝コミューヌ），ポーイヤックよりもシャトー・ムートン＝ロトシルド（シャトー名。超一流の赤ワイン）のように。

　ちなみにフランスには，ワインの産地や品質その他を細かく規定したA.O.C.（原産地呼称証明）という制度があり，原産地，品種，栽培法，醸造法などの基準をクリアした良質のワインのみが A.O.C. ワインとなる。このA.O.C.の制度はワインだけではなく，他の農産物（チーズ，バター，鶏など）にも適用されている。

ワインと食卓

　ところでフランスのワイン生産量はイタリアのそれと並んで世界のトップに立つが，消費量のほうは30年前の半分近くまで減少している。健康志向や飲酒運転の厳罰化がその主な理由であるという。しかし，最近までかなり寛容であった飲酒運転はともかく，健康志向という点ではどうだろうか。

　アメリカとフランスの研究では，ワイン（とくに赤ワイン）には「フレンチ・パラドックス」と言われる効能が指摘されている（フレンチ・パラドックス：適量のワインが心臓血管の病気の予防になる。毎日グラス2杯程度の量ならば全体の死亡率を30％，癌による死亡率を20％減らせる，等々）。実際，美食で知られるフランス南西部の人々は，たとえばガチョウやカモのコンフィ（脂漬け）やノォソ・グフ，南のトゥールーズ周辺ではカスレ（白インゲン豆と肉の煮込み料理）など，動物性脂肪をたくさん摂取するが，それでも国内で最も長寿でコレステロールも低いという。

ブドウの取り入れ

　ワインの消費量が減少しているとはいえ，ワインはフランスの食卓には欠かせない飲物であり，料理の一部であると言ってもよい。たとえばボルドーワインであれば，フォア・グラにはソーテルヌ地区の甘口の白ワイン，カキや魚介類にはグラーヴ地区やアントル・ドゥ・メール地区の白ワイン，赤身の肉やチーズにはサン＝テミリオンやポムロール地区の赤ワインというよう

に。その組み合わせは自由であるが，料理の味をひきたて，会話をはずませ，食卓の雰囲気を楽しくし，至福のひと時を与えてくれるのがワインなのである。

3人のM

　ここでボルドーあるいはボルドー近郊に生まれた3人の偉大な作家についても少し触れておこう。モンテーニュ（1533-92）とモンテスキュー（1689-1755）とフランソワ・モーリヤック（1885-1970）であり，3人とも頭文字がMであることから「3人のM（trois M）」と言われる。『エセー（随想録）』（1580，1588）を著したモンテーニュは「ク・セジュ？（私は何を知っているか？）」と自らに問いかけ，自己とは何か，人間とは何かについて味わい深い考察を試みたモラリストである。スイス・ドイツ・イタリア旅行（1580～81）のあと，ボルドー市長も務めている。モンテスキューは書簡体小説『ペルシア人の手紙』（1721）で当時のフランス社会を風刺して有名になった啓蒙時代の思想家で，『法の精神』（1748）の著者としてもよく知られている。（なおモンテーニュが生まれ，『エセー』を執筆したボルドー近郊にある城館内の書斎も，モンテスキューが生まれ，主要著作を執筆したラ・ブレード城も見学することができる。またヨーロッパ最大と言われるボルドーのカンコンス広場には，今日モンテーニュとモンテスキューの彫像が向かい合うようにして立っている。）ノーベル賞作家モーリヤックは『愛の砂漠』（1925）や『テレーズ・デスケルー』（1927）などで知られるが，このカトリック作家の小説の大半は，ボルドーに近いランド地帯を舞台としている。

モンテーニュ

モンテスキュー

モーリヤック

バスク地方

　さて大西洋岸沿いに砂地と松林が延々と続くランド地帯を南下すると，そこはバスク地方である。バスク地方はスペインとフランス両国にまたがり，とくにスペイン側に広がるピレネー山脈西部地帯であり，そこに生きる少数民族バスク人は謎が多い。フランス側のバスク地方に入ると，高級避暑地のビアリッツや港湾都市バイヨンヌがある。またピレネー山脈西北部の丘陵地帯には，白壁と赤褐色の屋根の家々が点在する絵画的な田園風景が拡がっている。

たとえばカフェで名産のバイヨンヌ生ハムをはさんだサンドイッチをかじっていると，フランス語とは違う聞きなれない言葉が聞こえてくる。この地方の地域語である系統不明のバスク語である。またこの地方の伝統的な男性用帽子であるベレー帽をかぶった老人たちもよく見かける。人種的にも文化的にも独自のものを持つバスク地方には独特の雰囲気と魅力が感じられる。そうしたバスク地方の歴史と文化を知るにはバイヨンヌにある「バスク博物館」を訪れるとよい。ちなみに日本にキリスト教を布教した宣教師フランシスコ・ザビエル（1506-52）も，彼と一緒にイエズス会を創立し，初代総長となったイグナティウス・デ・ロヨラ（1491-1556）も，ともにバスク出身である。

そこから東に足をのばせば，ほぼ今日のピレネー＝アトランティック県に当たる旧ベアルヌ地方である。フランス国内の宗教戦争に終止符を打つべくナントの勅令（1598）を公布した国王アンリ4世が生まれた城館があり，大通りからピレネーの山々を眺められる美しい都市ポーや，19世紀半ばに少女ベルナデットに起こった奇跡以来，カトリックの一大聖地となったルールドなどを訪れることができる。

参考文献

フランスワインとその歴史について：辻静雄『ワインの本』（新潮文庫，1982），山本博『ワインが語るフランスの歴史』（白水社，2003）。バスク地方とバスク人について：渡辺哲郎『バスクとバスク地方』（平凡社新書，2004）

Parfait...

7

ブルゴーニュ，シャンパーニュ…

BOURGOGNE ET CHAMPAGNE...

ブルゴーニュ，
シャンパーニュ

　ボルドーのところでボルドーワインについて簡単に触れたが，フランスにはボルドー以外にもブルゴーニュやアルザスなど名だたるワイン産地がいくつもあるのではないかという声が聞こえてきそうだ。実際そのとおりで，ワイン産地は，ノルマンディー地方とブルターニュ地方を除くフランスのほぼ全土を占めているといっても過言ではない。別掲のワイン産地図に見るとおり，主要な産地だけでも（1）アルザス（2）ボルドー（3）ブルゴーニュ（4）ボージョレ（5）シャンパーニュ（6）コート・デュ・ローヌ（7）ラングドック＝ルション（8）ロワール流域の8地方がある。ここではボルドーと並んで日本でよく知られているブルゴーニュとシャンパーニュを取り上げ，ワインルートに沿ってこの2つの地方を駆け足で眺めてみよう。

ブルゴーニュ小史

　パリとリヨンとのほぼ中間に位置するブルゴーニュ地方は，交通の要衝にあり，古くから歴史と文化を持った地方で，先に述べたようにロマネスク教会の宝庫である。14～15世紀には，ブルゴーニュ公爵が4代にわたってフランス王家を凌ぐほどの大きな公国をつくった。ブルゴーニュ公国（1363～1477）はフィリップ・ル・ボン（在位1419-67）の時代に最盛期を迎え，その領土はフランス北東部に加えて今日のオランダ，ベルギー，ルクセンブルグにまで広がった。そこで繰り広げられた中世最後を彩る文化のことは，ホイジンガの名著『中世の秋』に生き生きと描かれている。しかしこの一大公

この地方独特の屋根

第 3 章　地方

国も，フランス王ルイ11世（在位1461-83）との抗争に破れて1477年に崩壊する。

ブルゴーニュワイン

　ところでブルゴーニュワインであるが，この地方の中心都市ディジョンから南にコート・ド・ニュイとコート・ド・ボーヌの2大地区があり，ニュイ＝サン＝ジョルジュ，ロマネ＝コンティ（赤ワイン），ムルソー（白ワイン）など有名な産地が数多くある。下掲の産地図では，この2地区とディジョン北西に少し離れてあるシャブリ（主に白ワイン）をブルゴーニュとし，マコン地区とその南のボージョレ地区を分けているが，ふつうそれらも含めてブルゴーニュのワインと言っている。ボルドーワインとの違いは，前述したようにブルゴーニュワインのビンの形がなで肩であること，一般にワインの名前

ブルゴーニュの名酒

フランスのワイン産地

Bienvenu en France　**85**

がボルドーのようにブドウ畑とワイン醸造所を兼ねるシャトーの名前ではなく，ブドウ畑のある区画や地域・村などの名前になっていることである。またボルドーワインはきめが細かく女性的，ブルゴーニュワインは力強く男性的と評されているし，「ブルゴーニュの赤は旅をしない」つまりその土地で飲まないと味が変わるとも言われている。

　ワインの産地は料理もおいしいが，食材が豊富なブルゴーニュはフランスでも最も料理のおいしい地方のひとつとして知られている。エスカルゴ（カタツムリ），ブフ・ブルギニョン（牛肉の赤ワイン煮込み），コック・オー・ヴァン（雄鶏の赤ワイン煮），アンドゥイエット（腸詰め），等々…そして食卓に欠かせないマスタード（ディジョンのマスタードは世界的に有名）である。ブルゴーニュに限らずフランスのどの地方の料理にも重要な位置を占めるのは，食材の持つおいしさを引き出して料理を仕上げるソースである。「フランス料理」（と言っても「フランス料理」という名前の料理はなく，それは各地方の郷土料理の総称にすぎない）の特徴のひとつは，食材とソースとの絶妙なコンビネーションにあると言ってもよい。

シャンパーニュ

　ここでちょっと道草をすると，ボージョレ地区のすぐ南は，ブルゴーニュ地方に優るとも劣らぬ美食の都リヨンである。ローヌ川とソーヌ川の合流点に位置する交通の要衝であり，ガロ＝ロマンの時代から栄え，とくに中世からルネサンス時代にかけて国際的な商業都市，出版を中心とする文化都市であった。織物産業や文学関係（永井荷風が銀行員として生活し，遠藤周作が留学した町）で日本ともつながりの深い都市である。

　さてディジョンから北に向かい，シャンパン（発泡性の白ワイン）の名産地として知られるシャンパーニュ地方に入ろう（ちなみに地方名は女性名詞のla Champagne，そこでつくられるシャンパンは男性名詞のle champagneと言う）。パリ東北東約140kmにある中心都市ランスにはノートル＝ダム大聖堂（13世紀）がある。シャルトル，アミアンと並ぶゴシック大聖堂の傑作で，正面にある「微笑む天使」をはじめとする彫像もすばらしい。1223年のルイ8世から1825年のシャルル10世まで，歴代のフランス国王のほとん

ど（25人）がこの大聖堂で戴冠式を行なっている。また古くは，カトリックに改宗したフランク族の王クロヴィスが496年にランスで洗礼を受けている。市の中心に近い静かな住宅街には，シャペル・フジタ（フジタ礼拝堂）があり，エコール・ド・パリの画家として知られる藤田嗣治(つぐはる)（1886-1968）の晩年のフレスコ画が見られる。

　さてシャンパンとなるブドウの産地は，モンターニュ・ド・ランスと呼ばれるランス周辺のなだらかな丘陵地帯からエペルネーに広がる地域と，この地方のもうひとつの中心都市トロワ南西に広がる地域である。シャンパーニュ地方を訪れるときには，ランスのノートル・ダム大聖堂やシャペル・フジタを見学するだけでなく，少し足をのばして観光案内板に沿ってシャンパン街道を巡ってみるのもよい。今日シャンパンは世界的に知られ，お祝いには欠かせない飲み物となっているが，それが発泡性となったのは17世紀末の頃である。ベネディクト会修道院の修道士で食糧品保存係だったドン・ペリニョン（1638-1715）がシャンパーニュワインを発泡させる方法を考案したと伝えられている。やがてこの地方はシャンパンの生産地として知られ，今日では100を超えるシャンパン会社が年間およそ1億8000万本のシャンパンを生産し，その3分の1を輸出している。このシャンパーニュ地方がブドウ栽培地の北限となるが，フランス北西部のノルマンディー地方にはシードル（リンゴ酒）がある。このリンゴ酒を蒸留したブランデーが有名なカルヴァドスである。

シャンパン

食卓に欠かせないチーズ

　ところでワインとともにフランスの食卓に欠かせないものはパンとチーズである。デザートの前に，あるいはデザートの一部として，好みのチーズをそのまま，あるいは薄く切ったフランスパンに乗せて，ワインと一緒に味わう楽しみは最高だ。フランスには現在350種類以上のチーズがあると言われている。500種類くらいあると言うチーズ屋もいる。つまり毎日ちがう種類のチーズを食べても1年はかかるわけである。それらのチーズを大別すると，日本でポピュラーなプロセスチーズもあるが，圧倒的に多いのはナチュラルチーズである。熟成チーズ（カマンベール，ロックフォールなど），圧

Bienvenue en France　87

チーズ屋

縮加工による硬質チーズ（ポール＝サリュ，グリュイエールなど）のほか，フレッシュチーズ（プチスイスなど）もある。

　原料は牛乳（ヴァシュ）が最も多いが，ヤギ乳（シェーヴル）とヒツジ乳（ブルビ）のチーズも種類が数多くある。また色も形(円盤状,角盤状,円錐状など)も名前（地名，修道院名，商標など）も，実にさまざまである。たとえば有名なカマンベールは，原料は牛・生乳で，色は白（表皮）とクリーム（中身），形は円盤状で，この名前は19世紀末にノルマンディー地方のカマンベール村のある農婦が作ったことに由来している。ブルー・ドーヴェルニュやブルー・ド・ブレスとともにブルーチーズとして知られるロックフォールは，原料がヒツジ・生の全乳，色はアイボリー（中身），形は円筒状で，名前は地名である。またロワール地方のポール＝サリュは，原料は牛・生乳，形は円盤状で，名前は商標であるが，元はポール＝デュ＝サリュ修道院で作られていた。なおグリュイエールは，原料は牛，形は円盤状であるが，スイスのフリブール州，グリュイエール村で作られたことに由来している。

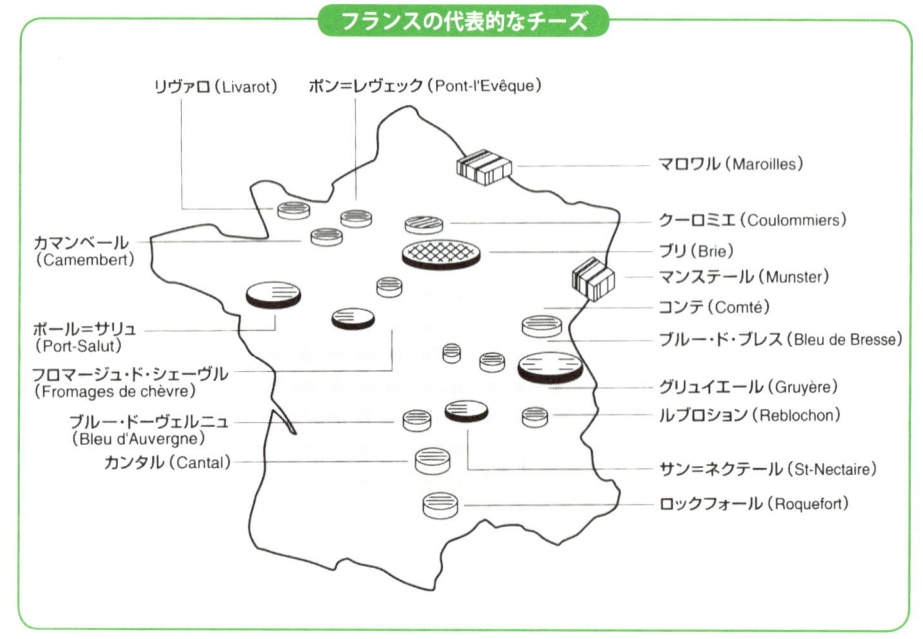

フランスの代表的なチーズ

- リヴァロ (Livarot)
- ポン＝レヴェック (Pont-l'Evêque)
- マロワル (Maroilles)
- クーロミエ (Coulommiers)
- カマンベール (Camembert)
- ブリ (Brie)
- マンステール (Munster)
- ポール＝サリュ (Port-Salut)
- コンテ (Comté)
- ブルー・ド・ブレス (Bleu de Bresse)
- フロマージュ・ド・シェーヴル (Fromages de chèvre)
- グリュイエール (Gruyère)
- ブルー・ドーヴェルニュ (Bleu d'Auvergne)
- ルブロション (Reblochon)
- カンタル (Cantal)
- サン＝ネクテール (St-Nectaire)
- ロックフォール (Roquefort)

（白水社『フランス語を話そう！フランスを知ろう！』より）

参考文献

ブルゴーニュ地方の歴史と文化全般について：饗庭孝男編『ブルゴーニュ　歴史と文化』（小沢書店，1998）。フランスのチーズについて：文藝春秋編『チーズ図鑑』（文藝春秋，1993）。チーズの小百科事典で内容（カラー写真と説明）も充実。便利なポケット版（文春新書，2001）も出ている。

Parfait...

8

アルザス, ロレーヌ

ALSACE ET LORRAINE

　フランス最東部に位置するアルザスは，ドイツと国境を分けるライン川と南北にのびるヴォージュ山脈とにはさまれた地方である。その西隣，モーゼル川流域からムーズ川流域に広がる台地がロレーヌ地方で，北部はベルギー，ルクセンブルク，ドイツに接している。この2つの地方は古くからフランスとドイツの係争地となり，歴史的にほぼ同じ運命を辿ってきたことから，よくアルザス・ロレーヌ地方とまとめて呼ばれ，一緒に論じられることが多い。

アルザスの中心都市ストラスブール

　アルザス地方には現在，北部のバ＝ラン県（ライン下流の意）と南部のオー＝ラン県（ライン上流の意）の2県が含まれる。前者の県都ストラスブールは交通の要衝にあり，古くからアルザス地方の政治，経済，文化の中心として栄えた都市である。神聖ローマ帝国の直属都市となった13世紀頃から商工業も繁栄し，中世末から16世紀にはドイツ・ユマニスムと宗教改革（プロテスタント）の中心都市となった。ルイ14世によりフランスに併合されたのは1681年のことである。

　グーテンベルクは1434年から1447年までストラスブールに滞在し，そこで活版印刷技術を完成させている。そのあと故郷のマインツに戻って印刷工房を設立し（1450頃），聖書（『36行聖書』『42行聖書』）などを印刷している。16世紀には宗教改革者カルヴァン（1509-64）が，宗規の急進性と厳格さのた

めに追放されたジュネーヴに再び指導者として復帰する前の3年間（1538～41），フランス人教会の牧師としてこの都市に滞在し，ヨハン・シュトルムが設立したギムナジウム（中等教育学校）の教師として精力的な活動を行なっている。また1540年には結婚をしている。近代では，若きゲーテが1770～71年（21～22才のとき）にストラスブール大学で法律や医学を学んでいる。また神学者，オルガン奏者，医者であり，1952年にノーベル平和賞を受賞したアルベルト・シュヴァイツァー博士もストラスブール大学で神学と哲学を学んでいる。なおフランス語史では，イタリアを中心とする中フランク王の長兄ロタールに対抗して2人の弟が同盟を結ぶために，842年に西フランク王シャルルと東フランク王ルートヴィヒとの間に，互いに相手側にわかる言葉すなわち古いドイツ語と古いフランス語で交わされた「ストラスブールの誓約書」が現存するフランス語最古の文献として有名である。

　今日のストラスブールは，欧州議会などが置かれ，ヨーロッパを代表する国際都市のひとつになっているが，同時に中世・ルネサンス期の繁栄と歴史を偲ばせてくれる魅力的な都市でもある。市の中心部には高さ142mの尖塔（左側の1本のみ）を持つゴシック様式のノートル＝ダム大聖堂（12～15世紀）が高くそびえ，旧市街や「プティット・フランス（小フランス）」と呼ばれる界隈には，この地方の伝統的な白壁とコロンバージュ colombage と呼ばれる木組みの家々や歴史的記念建造物がある。

プティット・フランス

アルザスの食と文化

　さてストラスブールの西郊，ヴォージュ山脈の東斜面に沿ってミュルーズ近くのタンまで南北に細長くのびている地帯（約170km）がアルザスワインの産地である。ヴォージュの山麓に沿ってブドウ畑がつづき，絵画的な美しい村々が点在し，今日ではワイン街道として観光コースになっている。アルザスワインは辛口の白（リースリングやゲヴルツトラミネールやシルヴァネルなど）で知られ，ブドウの品種がワイン名になっており，ビンの形はほっそりとしたなで肩が特徴である。またアルザス地方はワインとともにビールの生産も盛んであり，フォア・グラの生産でも知られる。発酵させた「切り塩漬けキャベツ」と，ハム，ソーセージ，豚肉などを白ワインで煮込んだシュー

クルート（ドイツのザウアクラウト）は，ドイツ色の濃厚なこの地方の代表的な郷土料理である。なおこのワイン街道の途中に，アルザス地方で最も美しい町と言われるコルマール（オー＝ラン県の県都）がある。昔の面影を残す旧市街とともに，ウンターリンデン美術館にあるドイツ人画家グリューネヴァルトの「イッセンハイムの祭壇画」（16世紀初頭）は迫力があり，美術愛好家ならずとも見逃せない傑作である。

アルザスワインと
シュークルート

ロレーヌの中心都市ナンシー

ロレーヌ地方は，地下資源が豊富な北部の工業地帯と南部の農村地帯からなる地域である。中心都市ナンシーは，19世紀末から20世紀初頭にかけて，ナンシー生まれの工芸家エミール・ガレ（1846-1904）を中心とするアール・ヌーヴォー運動の一大拠点となったことで知られている。18世紀の豪華なロココ様式で知られるスタニラス広場から町の中心部に残るアール・ヌーヴォー建築を見物し，ナンシー派美術館を訪れるのがよい。ロレーヌ公宮殿だったロレーヌ歴史博物館も興味深い。建築見物と美術館見学に疲れたら店に入って名物のキッシュ・ロレーヌを味わおう。（キッシュ・ロレーヌはパイ生地に卵，ベーコンなどを加えたタルトで，文字どおりロレーヌ地方の名物料理。）またナンシー南西にあるヌフシャトー近郊にはジャンヌ・ダルク（1412-31）の生地ドンレミ＝ラ＝ピュセルがある。小さな博物館ともなっている彼女の古い生家を訪れる観光客を除けば，今日でも静かな村である。

戦場の乙女ジャンヌ・ダルク

仏独間の争奪の的

ここでアルザス・ロレーヌ両地方が，近代において絶えず仏独間の争奪の的になり，数々の辛酸をなめてきたことに触れないわけにはいかない。アルザス地方は30年戦争（1618～48）でドイツ軍，スウェーデン軍，フランス軍の戦場となり荒廃する。1648年に神聖ローマ帝国領からフランス王国領となったアルザス地方（ストラスブールは1681年）および1766年に王国に併合されたロレーヌ地方は，その後1870-71年のプロシア・フランス（普仏）戦争で，フランスの敗戦によりプロシアに占領される。

この普仏戦争でドイツ領となったアルザス地方の学校を舞台にした悲劇の短編としてよく知られているのが，アルフォンス・ドーデの「最後の授業」(『月曜物語』1873所収)である。教室にはフランツ少年を含む子どもたちだけではなく，役場の掲示板を見て集まってきた村の人たちもいる。アメル先生が教壇に上がって，優しい重みのある声で話す箇所の一部を引用しておこう。

> 「みなさん，私が授業をするのはこれが最後です。アルザスと
> ロレーヌの学校では，これからドイツ語しか教えてはいけない
> という命令がベルリンから来ました…(以下略)」

当時アルザス地方の住民の多くは，日常生活でフランス語ではなくアルザス語(ドイツ語の方言と言える地域語)を話していたというから，これはドーデの作り話である。しかし普仏戦争に従軍し，悲惨な戦争を体験したこの南仏生まれの作家は，アルザス語をフランス語に変更して，フランツ少年の幼な心に映じた敗戦国フランスの悲哀と祖国愛を描き出している。こうして1871年にドイツ領となったアルザスでは，その後も戦争(第1次大戦，第2次大戦)のたびにこのような悲劇が繰り返される(1871～1918年：ドイツ領，1919～40年：フランス領，1940～44年：ドイツ領)。そして1944年からロレーヌ地方とともにフランス領となり，今日に至っている。ちなみに先に挙げたシュヴァイツァー博士は，辞典ではドイツ人であったりフランス人であったりするが，それはこの偉大なユマニストの故郷カイゼルスベルク(オー＝ラン県)が，彼の長い生涯(1875-1965)の間にドイツ領からフランス領，次いで再びドイツ領，そしてフランス領となったからである。この地方にドイツ風の地名が多いのも，アルザス市民の70%以上が日常会話でアルザス語を話せるというのも，以上述べてきたような歴史から容易に理解できよう。アルザスはフランス的なものとドイツ的なものとが共存する地方なのである。

アルザス・ロレーヌの今日

　このように何世紀にもわたって争いを続けてきた仏独両国も，戦後の混乱期を経て，今日では欧州統合に向けて，手を取り合って「欧州連合（EU）」の推進役を果たしている。アルザス地方の中心都市ストラスブールには，早くも第2次大戦直後の1949年に欧州評議会が設置され，1979年以降「欧州議会」（本会議）をはじめ「欧州評議会本部」，「欧州人権法廷」などが置かれ，「欧州議会」の委員会と事務局のあるブリュッセルとともに，欧州連合を代表する都市になっている。

欧州議会（ストラスブール）

　今日，アルザス地方とロレーヌ地方の人々にとって，日常生活のレベルでも，隣国はもはや外国ではなく同じひとつの経済圏なのである。フランスとドイツの市民たちは，仕事や買物などでライン川を自由に往き来している。スイスはまだ欧州連合に加盟していないが，たとえばアルザス地方では，毎日およそ5万人以上の人々が国境を越えてドイツやスイスなどに仕事に出かけている。また大学間の協定（ドイツのバーデン＝ヴュルテンベルク大学，スイスのバーゼル大学，アルザス地方のストラスブール大学およびミュルーズ大学など）も行われ，学生たちはそれらの大学に自由に登録し，免状を取得することができるようになっている。さらにミュルーズとバーゼルおよびドイツのフライブルクは共同でバーゼル近郊に空港を建設し，1987年からユーロ・エアポート（バーゼル・ミュルーズ・フライブルク空港）を開港している。これらは統合に向かって既にスタートしたヨーロッパの美しい象徴と言えるだろう。

参考文献

フランス国アルザスとその文化について：新田俊三『アルザスから―ヨーロッパの文化を考える』（東京書籍，1997），市村卓彦『アザス文化史』（人文書院，2002）。後者は古代から現代までのアルザスの歴史と文化を詳述した本格的なアルザス通史。

第3章 地方

Parfait…

Bienvenue en France

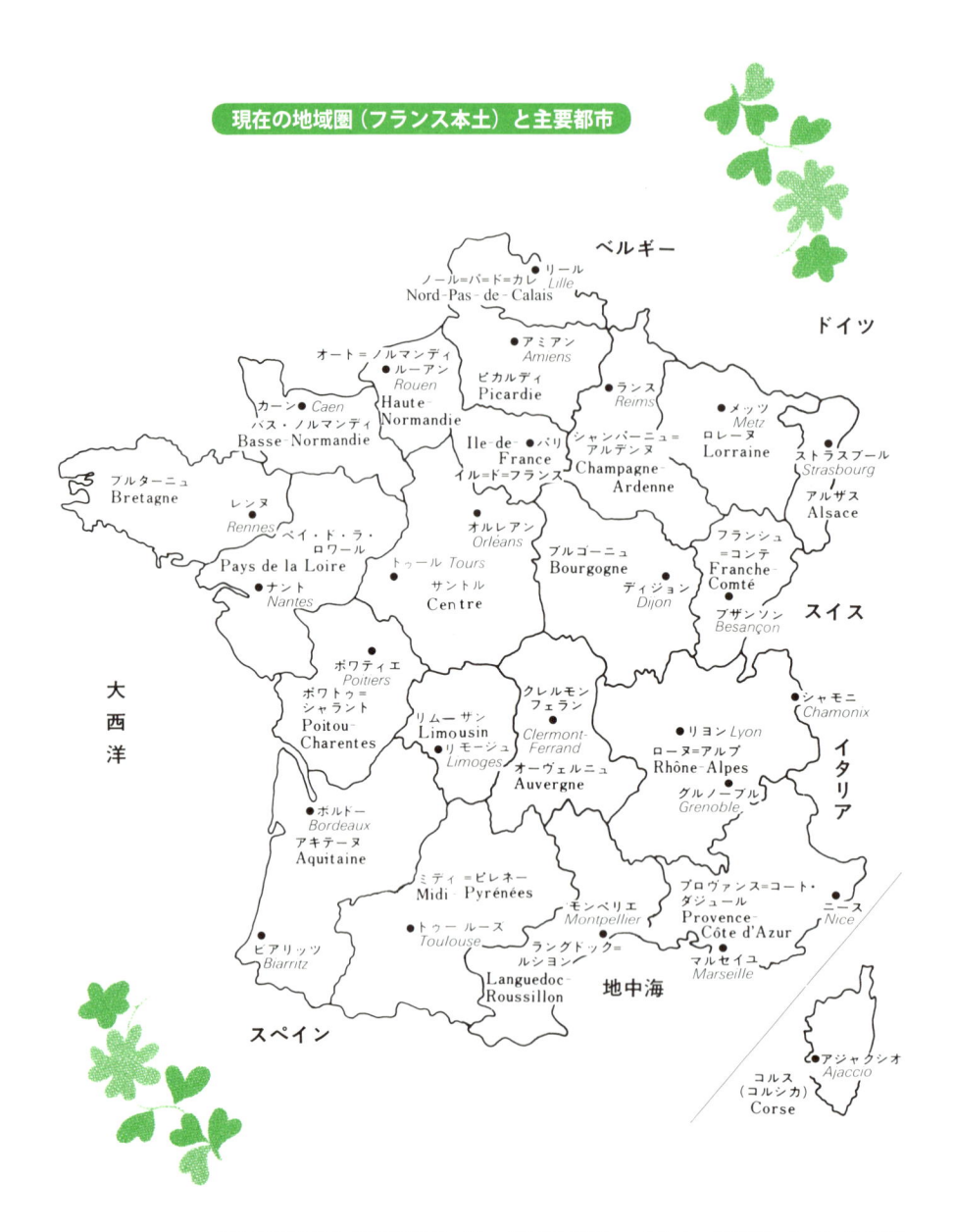

現在の地域圏（フランス本土）と主要都市

- ベルギー
- ノール＝パ＝ド＝カレ Nord-Pas-de-Calais
- リール Lille
- ドイツ
- オート＝ノルマンディ Haute-Normandie
- ルーアン Rouen
- アミアン Amiens
- ピカルディ Picardie
- ランス Reims
- メッツ Metz
- カーン Caen
- バス・ノルマンディ Basse-Normandie
- イル＝ド＝フランス Ile-de-France
- パリ
- シャンパーニュ＝アルデンヌ Champagne-Ardenne
- ロレーヌ Lorraine
- ストラスブール Strasbourg
- アルザス Alsace
- ブルターニュ Bretagne
- レンヌ Rennes
- ペイ・ド・ラ・ロワール Pays de la Loire
- オルレアン Orléans
- トゥール Tours
- ブルゴーニュ Bourgogne
- フランシュ＝コンテ Franche-Comté
- ナント Nantes
- サントル Centre
- ディジョン Dijon
- ブザンソン Besançon
- スイス
- 大西洋
- ポワティエ Poitiers
- ポワトゥ＝シャラント Poitou-Charentes
- リムーザン Limousin
- リモージュ Limoges
- クレルモン＝フェラン Clermont-Ferrand
- オーヴェルニュ Auvergne
- リヨン Lyon
- ローヌ＝アルプ Rhône-Alpes
- シャモニ Chamonix
- イタリア
- ボルドー Bordeaux
- アキテーヌ Aquitaine
- グルノーブル Grenoble
- ミディ＝ピレネー Midi-Pyrénées
- モンペリエ Montpellier
- プロヴァンス＝コート・ダジュール Provence-Côte d'Azur
- ニース Nice
- ビアリッツ Biarritz
- トゥールーズ Toulouse
- ラングドック＝ルシヨン Languedoc-Roussillon
- マルセイユ Marseille
- 地中海
- スペイン
- アジャクシオ Ajaccio
- コルス（コルシカ） Corse

人口20万人以上の都市（単位：千）：パリ（2144.7），マルセイユ（808.7），リヨン（465.3），トゥールーズ（431.5），ニース（347.1），ナント（280.6），ストラスブール（272.8），モンペリエ（244.1），ボルドー（229.8），リール（226.8），レンヌ（210.2）

（2004年現在．*Francoscopie 2007*より）

II フランスを知る
Connaître la France

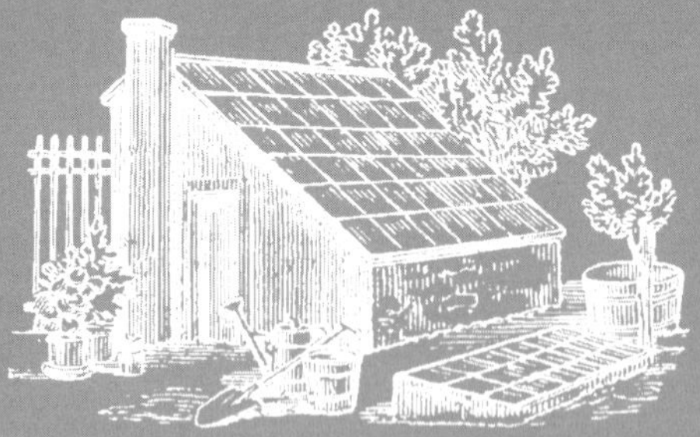

Connaître la France
フランスを知る

　ド・ゴール時代とも言われる1960年代のフランスでは，アルジェリアの独立（1962年），高度経済成長政策と社会の近代化，学生たちの抗議運動から社会運動に拡大したいわゆる5月革命（1968年）など，国内外で激しい動きや変化があった。そして1970年代は，若い世代の人々の中に新しい意識や考え方が生まれ，フランスの伝統的な価値観が崩れ始めた時期である。以来，欧州連合がその第一歩を大きく踏み出した今日にいたるおよそ30年の間に，フランス社会の伝統的な形態に対する人々の意識や価値観は大きく変貌したように見受けられる。一方，生活暦や日常の風景を通してフランスの市民生活を眺めると，生活習慣やライフスタイルに対する人々の考えは基本的にあまり変化していないように思われる。そこには変わらないフランスの姿がある。

　ここでは，今日のフランス社会とそこに生きる人々の生活の一端を知るために，第4章では「フランス人の生活」と題して，フランスの人々の生活暦と日常の風景をいくつか取り上げる。第5章では「変わりゆくフランス社会」と題して，フランスの教育制度，家族事情，宗教事情そして欧州連合について見ていきたい。

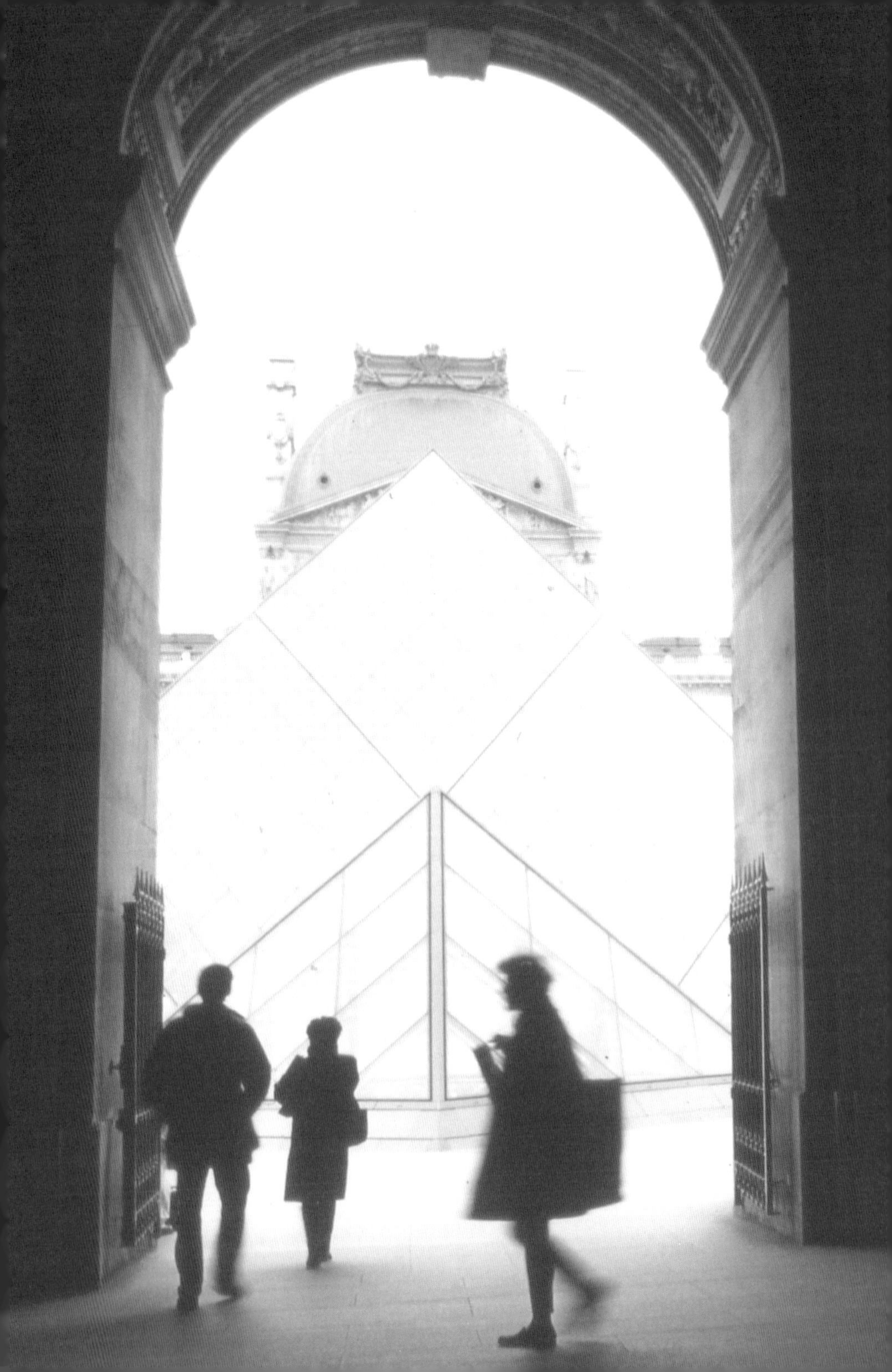

第4章
フランス人の生活

1

フランス生活暦 (1)
１月〜６月

JANVIER 〜 JUIN

　フランスの生活暦は，日本のそれと同じく，季節の移り変わりと年中行事によってリズムを与えられている。ここでは生活を彩る主な年中行事を中心に，フランスの１年間を３回に分けて眺めていこう。
　かつて１年の始まりはいろいろであった。（12月25日，１月１日，３月１日，３月25日，復活祭の日など）それが最終的に現在の１月１日になったのは，国王シャルル９世（在位1560-74）が復活祭を新年とする旧暦を廃止した1564年のことである。

１月 janvier

最大の行事クリスマスも終わり，大晦日（聖シルヴェストルの祝日）の晩は，クリスマス・イヴのときと同じくレヴェイヨンと呼ばれる祝いの食事を家族で楽しみ，敬虔なカトリック信者は深夜ミサに出かける。一方，町の目抜き通りでは（たとえばパリのシャンゼリゼ大通などでは），午前０時になると一斉に鳴るクラクションや爆竹の音とともに，"ボナネ" Bonne année！（新年おめでとう！）と言って接吻を交わす人々，友人や隣人たちとシャンパンで乾杯する人々で賑わう。

元旦 (Jour de l'An)　「元旦」（ジュール・ドゥ・ラン）は祝日であるが，これといった行事はなく，家族で食卓を囲むことが多い。日本に比べて静かな元旦が過ぎると，「御公現の祝日」（エピファニー：６日がその祝日であるが，現典礼暦では２日以降の日曜日）である。東方の３博士がキリスト礼拝にやってきたことを記念するその日には，ソラマメまたは陶製の人形を中に隠したパンケーキ（ガレッ

102　Bienvenu en France

ト・デ・ロワと呼ばれる）を切り分けて，家族や友人と一緒に食べるのが習慣である。自分のパンケーキの中にソラマメや小さな人形が見つかると，金紙か銀紙の王冠をかぶり，王や王女になり，相手役の王妃や王を指名する。なお年末に新年のカレンダーを届けてくれる郵便配達人に"心づけ"（エトレンヌ étrennes）を渡すのも19世紀末以来の習慣となっている。

そのほか1月には，バーゲンセール（フランス語でソルド soldes。1月上旬〜2月と6月下旬〜7月の年2回）がある。スポーツでは，1979年の第1回大会がパリ ― ダカール間で実施されたことから「パリ・ダカ」の愛称でも知られる，サハラ砂漠を走る「ダカール・ラリー」が行なわれる。またモードの世界では，1月から3月にかけて，その年の流行を左右する新作コレクションがパリで開かれる。

2月 février

2日は「聖母マリアお潔めの祝日」（聖燭節 シャンドルール と呼ばれ，ろうそくを捧げ持つ行進がある。マリアが出産後40日目に潔めの式を受けたことにちなむ。）その日には家族や友人と一緒にクレープを食べる習慣がある（飲物はシードル）。片方の手に硬貨を持って，もう一方の手でクレープをうまく裏返すと幸運が訪れるという。

また14日は，日本でよく知られている「聖バレンタイン祭」。14世紀にイギリスに始まり15世紀にフランスに伝わったこの聖人の祝日は，恋人たちの祝日と混同されたようであるが，その理由は定かでない。それはともかく，今日フランスでは愛する人にカードや花（赤いバラや白いランなど）を贈る。ちなみにチョコレートを贈る習慣は日本の菓子会社のアイデアらしく，フランスにはない。

なお有名な「カーニバル」（カルナヴァル carnaval：謝肉祭）は3月初旬になることもあるが，2月に行なわれる場合が多い。というのも今日，カーニバルは「四旬節」（カレーム：復活祭46日前の灰の水曜日から復活祭までの，6回の日曜日を除く40日間。イエスが荒野で断食，苦行した期間にちなむ。）に入る直前の1週間を指すが，計算の基準となる復活祭の日が毎年異なる移動祝祭日（3月22日から4月25日の間）となっているからである。カーニバル期間中，四旬節直前の日月火の3日間，とりわけマルディ・グラ（謝肉の火曜日）と言われる最終日は賑わいが最高潮に達する。フランスでは，

120余年の歴史をもつ南仏ニースのカーニバルが盛大で、山車に乗った人形や、美女たちがミモザの花を見物人に振りまくパレードはよく知られている。

3月 mars

3月には固定された祝祭日がない。それはこの月がほぼ四旬節の期間に当たるからであろう。四旬節は主のために祈る期間で、かつては肉食や祝祭や結婚は禁じられていた。そのためこの月は結婚式が少ない。ちなみに最近では、ユニオン・リーブルやパックスなど、結婚に縛られない自由な結びつきが増えている。（詳しくは本書150-155頁、「フランスの家族事情〜多様な結びつき」を参照。）天気はまだぐずついた日が多いが、春分の日の頃から春を予告するような日ざしに恵まれることもある。そのような日には公園が束の間の陽光を浴びる人たちで一杯になる。3月の最終日曜日の早朝には時計を1時間早めて「夏時間」が始まる。

4月 avril

4月1日は「エイプリル・フール」。フランス語でポワソン・ダヴリル poisson d'avril（4月の魚）と言うが、その由来については諸説がある。新聞、ラジオ、テレビで実害のない嘘のニュースを流すこともある。ともかく無邪気ないたずらを意味するポワソン・ダヴリルとともに、あるいは復活祭とともに、灰色の長い冬が終わって春が訪れる。「復活祭」（パーク：春分以降の最初の満月の次の日曜日で移動祝祭日）はキリストの復活を祝う祭で、クリスマスとともに大切な日である。復活祭のときに卵（今日では彩色したゆで卵または卵形の菓子やチョコレート）を贈る習慣があるのは、それが生命の象徴だからである。なお復活祭と連動して移動祝祭日となるのは、「復活祭翌日の月曜日」の他、「キリスト昇天の祝日」（復活祭から40日後）、「聖霊降臨の祝日」（復活祭後の第7日曜日）と「聖霊降臨の祝日翌日の月曜日」である。

　地方や年によって多少異なるが、4月中旬から下旬にかけて木々が芽を吹き出し一斉に花が咲き始める。学校も2週間の春休み（復活祭の休暇）となり、大人も子どももすばらしい春と陽光を精いっぱい楽しむ。

復活祭 (Pâques)

復活祭翌日の月曜日
(Lundi de Pâques)

5月 mai

美しい5月は1日の「メーデー」(フェット・デュ・トラヴァイユ)とともに始まる。1947年から「労働者の完全休業日」であるこの日には、賃金アップ、雇用の拡大など労働条件の改善を要求する労働組合員のデモが各地で行われる。ただしフランスの労働組合の組織率は、最近では他の西欧諸国のそれと比べて低く、10%を下回っている。それにもかかわらず、軍人や警官を除いてどの職種の人々も、公務員も公共機関も学生も、ストライキ(フランス語でグレーヴ grève)を行なう。フランスでは、要求事項を訴えなければ、それが与えられることはないので、その必要があるときには、いつでもどこでも自分たちで直接行動し、要求を主張する。ストライキは市民生活に迷惑をかけるが、―迷惑をかけなければストライキの意味がない― 市民の多くは、自分たちもストライキをするので、それを容認している。またこの日は、フランスでは「スズランの日」(ジュール・デュ・ミュゲ jour du muguet)とも言われる。19世紀以来イル゠ド゠フランス地方を中心に、幸運を呼ぶとされるスズランを親しい人たちに贈る習慣がある。

またこの月には「第2次大戦休戦記念日」(アルミスティス:5月8日)の他、「キリスト昇天の祝日」(アサンスィオン)や「聖霊降臨の祝日」(パントコート)と「聖霊降臨の祝日翌日の月曜日」がある。(いずれも移動祝祭日で、ときに6月にずれ込むこともある。)ちなみにフランスでは"フェール・ル・ポン" faire le pont (橋をわたす)と言って、休日にはさまれた日も休みにする習慣があるので、祝祭日が木曜や火曜になると4連休の長い週末を過ごせることもある。

5月最後の日曜日は「母の日」である。(その日が聖霊降臨の祝日の場合は6月の最初の日曜日。なお「父の日」は6月の第3日曜日。)なおこの月には、1946年以来の歴史を持つ「カンヌ国際映画祭」が2週間にわたって開催される。日本映画では、これまで衣笠貞之助監督の『地獄門』(1954年)、黒沢明監督の『影武者』(1980年)、今村昌平監督の『楢山節考』(1983年)と『うなぎ』(1997年)がパルム・ドール金賞を受賞している。

6月 juin

6月は試験の季節である。中でも日本の競争試験とは異なる、バ

メーデー
(Fête du Travail)

第2次大戦休戦記念日
(Armistice de 1945)

キリスト昇天の祝日
(Ascension)

聖霊降臨の祝日
(Pentecôte)

聖霊降臨の祝日の月曜日
(Lundi de Pentecôte)
(2004年から祝日ではなくなった。)

カロレア baccalauréatと呼ばれる高校終了資格と大学入学資格を兼ねた国家統一試験には、毎年60万人以上の生徒が受験する。最近の合格率は75%前後であるが、試験科目は8〜10科目、試験期間は4日間に及び、4時間も続く論述試験もあり、実際は日本以上に大変である。またどの学校も学期末試験に入る時期である。（詳しくは本書144-149頁「フランスの教育制度〜大衆化とエリート主義」を参照。）

　しかし多くの人々にとって6月は、昼が最も長く、しかも好天の日が多い最も快適な季節である。当然のことながら、この月には結婚式の数が最も多いようである。シャンソンにサクランボの実る季節の短い恋をうたった「サクランボの実る頃」 Le temps des cerises という名曲があるが、色とりどりの花が咲き乱れた公園では、サクランボを一袋持って、唇を真っ赤にしながら散歩している人やベンチに座っている人をよく見かける。

　5月下旬から6月には日本でもよく知られている国際的なスポーツ大会がある。テニスの「全仏オープン」がパリ西郊ブーローニュの森にあるローラン＝ギャロス・スタジアムで開催されるし、中旬には「ル・マン24時間耐久オートレース」がフランス中西部のル・マンで行われる。6月下旬には「映画祭」（3日間）があり、その期間は1枚のチケットで複数の映画を鑑賞できる。（なお学生にはかなり安い割引券を購入する特典がある。そのためか、都会に住む25才以下の若者を中心に映画鑑賞者は欧州連合で一番多いという。）また6月21日、夏至の日には「音楽祭」（1982年に当時の文化相ジャック・ラングが創設）が各地で開催され、音楽やダンス、ときにはデモなども行なわれる。

第4章 フランス人の生活

Parfait...

2

ヴァカンス

VACANCES

　7月～8月（juillet～août）のフランスはヴァカンス一色となる。この時期にフランス人の半数以上が，平均して約3週間の長い夏休み（グランド・ヴァカンス）をとるから，これは一大国民的行事と言っても過言ではない。現在では欧州連合の多くの諸国民もそれぞれ同じように長い休暇をとっているが，祝祭日などの休日も含めると，法的にも実質的にも最も長い有給休暇を享受しているのはやはりフランス人である。しかしヴァカンスの発祥国であり先進国でもあるフランスも，勤労者の労働条件が大幅に改善されて，このようにヴァカンスを楽しめるようになったのは比較的最近のことである。

ヴァカンス小史

　ご存知のとおり，イギリスに始まる産業革命がもたらした社会経済上の大変革，すなわち工場制と資本主義は労働者階級の犠牲の上に進められた。フランスもその例外ではなく，法律による労働時間の規制にもかかわらず，炭坑労働者や繊維工場などで働く婦女子を含む労働者階級の大半は，週休の休暇すら保証されず，1日10数時間の労働を強いられていた。（法律で日曜が休日となったのは1814年である。）19世紀を通じて労働者の暴動やその後の労働組合運動によって劣悪な労働条件は徐々に緩和されていくが，それが抜本的に改善されるのは20世紀に入ってからのことである。週休が義務化されたのは1892年，1日10時間労働が実施されたのは1912年である。1日8時間（週48時間）労働が実施されたのは，第1次大戦後の1919年からである。

そして1936年の人民戦線内閣のとき、週40時間労働制とともに年2週間の有給休暇が初めて勤労者に与えられた。年次有給休暇の日数は、その後1956年に3週間、1969年に4週間、そして1982年から5週間に延長されている。現在では長期の休暇すなわちヴァカンスを最低2週間、最高4週間までまとめてとる権利があるが、夏の7～8月に3週間の休暇をとり、残り2週間の休暇はそれ以外の季節にとる傾向が強くなっている（約40％）。（たとえば、春の復活祭とか晩秋の「諸聖人の祝日」の頃、あるいは家族でスキーを楽しめる冬の1～2月。）それでは人々はどこで、どのようにヴァカンスを過ごすのだろうか。最近の一般的傾向も見ていこう。

ヴァカンスはどこで？

フランス人の約60％がヴァカンスを享受し、大半の人々は夏に3週間前後の休暇を取る。ということは10人に4人はヴァカンスに出かけないことになる。仕事上の理由や家庭上の理由などもあるようだが、経済的理由が主である。フランス人の15％はヴァカンスを取ったことがないという。（なお料金の一部を雇用者が負担し、ヴァカンスにかかる経費が安くなるヴァカンス用小切手chèques-vacancesという制度が1987年からできた。）

さて夏にヴァカンスに出かける人々の中で、半数近くの人々が海辺でヴァカンスを過ごす。とくにロワール川以北に住む人々が多い。海辺の保養地としては、英仏海峡に面したノルマンディー地方の海岸（トルーヴィル、ドーヴィルなど）、英仏海峡と大西洋に面したブルターニュ地方の海岸（サン＝マロ、ディナールなど）、大西洋岸（ラ＝ロシェル、ロワイヤン、アルカション、ビアリッツなど）もヴァカンス客で賑わうが、最も人気が高いのは地中海に面したプロヴァンス地方の海岸、とくにコート・ダジュール（サン＝トロペ、カンヌ、アンティーブ、ニース、モナコなど）である。気候風土の魅力に加えて、そこに滞在した有名な画家たちの美術館があるのも人気の理由であろう。実際、夏のコート・ダジュールには、フランスのヴァカンス客だけではなく多くの外国人観光客やヴァカンス客（とくに北ヨーロッパの人々）が集まり、大変な混雑になる。たとえばピカソ美術館があるリゾート地アンティーブの冬の人口は約6万人であるが、夏にはおよそ20万人にもなる。

一方，自然の静けさや雄大さを求めて田舎や山（アルプスやピレネーの麓など）でヴァカンスを過ごす人々が増えてきている。田舎の方が多いが（30%前後），両方を合わせると40数％になる。もちろんヴァカンスを外国で過ごす人々もいる。多くはスペインをはじめとする近隣諸国やモロッコなど北アフリカに出かけるが，その数は10%前後でそれほど多くはない。このように，大部分の人々はフランス国内の海や田舎や湖や山麓でヴァカンスを過ごすのである。それは何よりも海や田舎や山など自然環境に恵まれたフランスの土地を愛し，そこでゆったりとした時間を過ごすことを好んでいるからだと思われる。

ヴァカンスの過ごし方

フランス人は一般に倹約家で，半数近くの人々は余計なお金をかけずに，ヴァカンス滞在の半分以上を両親や親戚あるいは友人などの家で過ごすが，それは家族や友人たちとの再会を楽しむ機会ともなっている。家族的個人主義とでも言えると思うが，フランス人の多くは，たとえば祖父母や孫まで家族全員が集まって，あるいは親しい友人の家族と一緒に，食事やおしゃべりを楽しむことを大切にしている。ちなみにフランス人は一般に団体旅行を好まないが，それは多分に彼らの個人的気質によるものだろう。

ところでフランス人は夏のヴァカンスの期間をどのように過ごすのだろうか。朝寝坊をしたり，浜辺で肌を焼いたり，読書をしたり，散歩やサイクリングをしたり，バーベキューやおしゃべりを楽しんだり，と人々は思い思いに一日を過ごす。また子どもたちは「コロニー・ド・バカンス（臨海・林間学校）」という集団キャンプに行き，親と離れて生活することがある。子どもたちはそこで自立心を学び，親は一層自由にヴァカンスを過ごすというわけである。いずれにしろ，フランス人にとってヴァカンスとは，その言葉が「空の，暇な」を意味するラテン語ウァクウムvacuusから来ているように，日常の居場所から離れ，義務的な労働から完全に解放されて全く自由な時間を気ままに過ごすことなのである。ちなみにフランス人の大半は，労働は束縛であり，やむなく行なうものと考えている。だから老後の生活のめどが立てば，できるだけ早く仕事をやめて，残りの人生を自分の好きなことに費や

したいと願っている人々が圧倒的に多い。

現代のバカンス事情

　最近ヴァカンスの過ごし方に変化が見られるという。3S（Soleil, Sable, Sexe：太陽，砂浜，セックス）という1980年代までの決まり文句に象徴される過ごし方をつづけている人々がいる一方で，カヌーや乗馬やスキューバダイビングなどのスポーツを楽しんだり，陶芸や機織りや発掘などの活動に参加する人々が増えてきている。このような新しい傾向は，3Sに代わって3D（Détente, Divertissement, Développement：休息，娯楽，向上）とか3A（Activité, Apprentissage, Aventure：活動，学習，冒険）と言われる。このようにヴァカンスを含めて余暇を活動的に過ごす傾向は，2000年から時短が実施されて以来，ますます顕著になっている。（週39時間労働から週35時間に減少。なお超過勤務の場合には，さらに最大2週間の有給休暇を取れるようになった。）日常の週末の過ごし方も，テレビや映画鑑賞だけでなく日曜大工やガーデニングあるいは短い週末旅行など，以前よりも活動的になっている。

7～8月の主な行事

　日本人にはうらやましい限りのヴァカンスの話はこれくらいにして，7～8月の主な行事に移ろう。
　まず7月14日はフランス革命記念日で，1789年の民衆によるバスティーユ占拠を記念する国の祝日である。日本ではルネ・クレール監督の映画『カトルズ・ジュイエ（7月14日）』（1932）の邦訳題名から「パリ祭」とも言っているが，フランスでは単に「国の祝日」（フェート・ナスィヨナル）または「7月14日」（ル・カトルズ・ジュイエ）と言う。この日はフランス各地で記念行事が行なわれるが，パリでは市民や観光客など多くの見物人を前にして，シャンゼリゼ大通りで軍隊のパレードが行われ，夜にはセーヌ川で花火が豪華に打ち上げられる。しかし7月14日前後は，パリ市民が自動車や鉄道で大挙してヴァカンスに出発するときで，道路は大渋滞になる（8月1日前後や8月15日前後も同じ）。7月下旬から，パリ市内は外国人観光客の姿だけが目

国の祝日
(Fête Nationale; le 14 juillet)

立つようになっていく。音楽家や芸術家もパリを留守にするが、その代わり地方で様々な活動をするので、彼らにとって本当のヴァカンスは秋にならなければ来ない。

実際、7～8月には、フランス各地で音楽、演劇、オペラ、ダンス、映画など実にさまざまな文化フェスティバルが催される。南仏プロヴァンスでは国際音楽祭や演劇祭や芸術祭が行われ、音楽や演劇の愛好者を楽しませてくれる。またロワール川流域のシャトー（シャンボール城やアンボワーズ城など）では「音と光のスペクタクル」があり、主に地元の住民たちによるルネサンス期の歴史野外劇などで観光客を喜ばせてくれる。

また7月には1903年以来の歴史をもつフランス一周自転車レース「ツール・ド・フランス」が行われる。コース（全長3000～4000km）はいろいろ変わるが、マイヨ・ジョーヌ（総合でトップの選手が着る黄色のジャージ）を目指して、最終ゴールのシャンゼリゼまで激しいレースが繰り広げられる。フランス人は自転車好きで、自転車レースは年間を通じて各地で行われるが、その最大の呼び物がこのツール・ド・フランスである。ちなみにフランスで人気のあるスポーツは、自転車のほかにフットボール（サッカー）、ラグビー、テニス、バスケット、柔道、乗馬、スキーそしてペタンク（20世紀初めにフランスで誕生。金属製のボールを標的近くに転がして得点を競う一種の陣取りゲーム）などである。

聖母被昇天の祝日
(Assomption)

8月15日は、イエスの母マリアが天に召された「聖母被昇天の祝日」（アソンプスィオン）である。パリのノートル＝ダム大聖堂をはじめフランスの各都市にノートル＝ダム教会があることからわかるように、フランスでは古くから（12世紀後半から）ノートル＝ダム（聖母マリア）信仰が盛んである。ちなみにピレネーの麓にあるルールドのノートル＝ダム教会は、1858年に洞窟で聖母マリアの姿をしばしば目にしたという少女ベルナデットの奇跡以来、世界各地から数多くの巡礼団が訪れる一大聖地となり、とくに祝日の15日から1週間は大変な賑わいを見せる。ルールドを訪れた病人は、治って帰ると信じられていて、現に重病人や車椅子を利用する人たちの姿が目立つ。

第4章 フランス人の生活

Parfait…

3

フランス生活暦(2)
9月～12月

SEPTEMBRE ～ DÉCEMBRE

9月 septembre

8月下旬から"ラントレ"Rentrée（新学年の開始，休み明け）という言葉がデパートや多くの店の売場に現れ，また9月初めには新聞やテレビでもその言葉がしばしば登場する。ヴァカンスで日焼けをした人々が日常の仕事に戻り，親たちは2ヵ月余の長い夏休みを終えた子どもの新学期の準備でおおわらわになる時期である。それも一段落する9月後半になると，残り少なくなる秋の陽光を惜しむかのように，人々は週末を利用して果樹園や森に出かけ，散歩や果物（プラムやモモ）の摘み取りやキノコ狩り（それでオムレツなどを作る）を楽しむ。大学はふつう10月から始まるので，アルバイトでブドウの収穫を手伝う大学生もいる。

10月 octobre

9月も10月も祝祭日はない。かつてフランスがまだ大農業国で，多くの人々が農業に従事していた時代には各地の農村でいろいろな祭があったようであるが，今日も残っている大きな行事は各地のブドウ栽培地域で行われるブドウの収穫祭くらいである。パリでも10月の最初の日曜日に，モンマルトルの丘に残るパリ市内唯一のブドウ園でブドウの収穫祭が行われる。（フランスは耕地面積が全土の約3分の1を占め，EU諸国で最も豊かな農産国である。しかし農村人口は1960年代から年々減少をつづけ，2003年から労働人口の3％弱となっている。）

10月には160万人余のハンターたち（ヨーロッパで最も数が多い）の待

114 Bienvenue en France

ちに待った狩猟が解禁となる。しかし最近はEUの規制で狩猟期間などが厳しく制限されている。（フランスでの解禁は，10月中旬から翌年2月中旬までである。）その他，10月には書籍展などの催しも行なわれる。1898年以来行われているモーターショーでは，専門家を含むおよそ120万人の見物人が集まるそうである。

　ちなみにフランスは，約80％の世帯が自動車を保有し，30％近くの世帯が2台以上を保有している車社会で，自動車専用道路だけではなく地方の道路網も市町村道や農道に至るまでよく整備されている。地方では鉄道，バスよりも自動車がはるかに便利である。そのためスピードを出すドライバーが多く，最近では飲酒運転とともにスピード違反に対する減点や処罰が厳しくなっている。自動車の制限速度は，一般に市街地は時速50km，市街地以外の国道と県道では時速90km，自動車専用道路では時速110〜130kmである。走行道路は右側通行（自動車のハンドルは左側）で日本とは反対であり，数本の道路が放射状に集まるロータリー（フランスに多い）では運転に注意が必要である。ところでフランス人は，赤信号でも車が来なければ横断歩道を平気で渡る。自己判断と自己責任ということだろうか。それでは彼らがせっかちかというと，たとえばスーパーのレジで一人の客のために長い行列ができてもじっと待っている。各人の権利を認めるということだろうか。

11月 novembre

11月1日は「諸聖人の祝日」（トゥッサン）その翌日は「死者追悼の日」である。今日ではその2つが混同されて，日本のお盆のように，諸聖人の祝日に人々は菊の花などを携えて家族で墓参りをする。（鉢植えが多い。墓石に花立てがなく，花を生けるようになっていない）。そして11日は「第一次大戦休戦記念日」（アルミスティス）で祝日。悲惨な戦争の犠牲となった140万人のフランス人兵士を追悼する戦没者記念日である。パリのエトワールの凱旋門（シャルル・ド・ゴール広場）では，戦死者を弔う「無名戦士の墓」の前で献花の儀式が行なわれる。

諸聖人の祝日
(Toussaint)

第1次大戦休戦記念日
(Armistice de 1918)

　この頃には灰色の空がフランスを覆い，ロワール川以北の地方では冷たい雨の降る陰鬱な天気が多く，日中の時間もどんどん短くなる。10月の最終日曜日の早朝には時間を1時間遅らせて「冬時間」となる。街路や公園の木々

Bienvenue en France **115**

も葉を落とし，木枯らしが冬の訪れを予告する。詩人ジャック・プレヴェール（1900-77）が，過ぎ去った恋の想い出と一人生きる悲しさを枯葉に託して作詞したシャンソンの代表曲「枯葉」(1945) にふさわしい季節である。また，かつて上田敏の名訳「秋の日の／ヴィオロンの／ためいきの／身にしみて／ひたぶるに／うら悲し…」（訳詞集『海潮音』，明治38年）によって日本でも知られた象徴派詩人ポール・ヴェルレーヌ（1844-96）の「秋の歌」のように，憂愁に満ちたもの悲しい季節である。

とはいえこの季節にも楽しみはいろいろある。ジビエ gibier と呼ばれる狩猟鳥獣（山バト，キジ，野ウサギ，シカなど），キノコや生ガキなど山や海の幸が秋の味覚を楽しませてくれる。11月の第3木曜日は，日本でもよく知られるボージョレ・ヌーヴォー Beaujolais nouveau の解禁日である。これはブルゴーニュ地方南部のボージョレ地区でその年に収穫生産された赤の新酒のことで，芳醇ではないが軽くて飲みやすく，価格も手頃である。

夜がどんどん長くなるこの季節になると，パリが圧倒的に多いが，フランスの各都市で演劇，音楽会，オペラ，バレエなどの新しいプログラムが盛んに催され，愛好者を楽しませてくれる。文学では，その年の最も優れた散文作品に対して与えられるゴンクール賞をはじめ，審査委員が女性だけのフェミナ賞，あるいはアカデミー・フランセーズ賞，ルノードー賞など数々の文学賞が与えられるのはこの時期である。浮世絵の紹介などで日本とも関係の深い19世紀の文学者ゴンクール兄弟の遺志で1903年に創設された権威あるゴンクール賞の受賞者には，マルセル・プルースト（『失われた時を求めて』1913-27，他），アンドレ・マルロー（『人間の条件』1933，他），シモーヌ・ド・ボーボワール（『第二の性』1949，他），ミシェル・トゥルニエ（『魔王』1970，他），マルグリット・デュラス（『愛人』1984，他）など，20世紀を代表する数多くのすぐれた作家たちがいる。オペラ座近くのしゃれたレストラン「ドゥルアン」に審査員が集まり，にぎやかな雰囲気の中で受賞作が決まるという。

12月 décembre

クリスマス (Noël)

12月と言えば，最大の行事はもちろん「クリスマス」（フランス語でノエル）である。各都市の大通りや町や村の広場にクリスマス・ツリーが飾られる。デパートや商店街ではクリスマス・セールが始まり，人々は贈

物などクリスマス・イヴの準備にとりかかり、フランスはクリスマス一色になっていく。

　クリスマスの語源はラテン語の「ナタリス・ディエス」つまり神の子イエス・キリストの誕生日である。かつて1月6日であったが、5世紀から12月25日になった。ちなみにクリスマス・ツリーとして樅の木が用いられる習慣は、フランスではアルザス地方で16世紀前半に始まったらしい。常に緑色の樅の木は希望、喜び、豊かさの象徴であるが、今日のような飾りつけがなされるようになったのは19世紀からで、それ以前はリンゴとミサのときのパン（エデンの園とキリストの体の象徴）だけであった。またサンタクロースという伝説上の人物は、小アジア、リュキアのミラの司教（350年頃没、12月6日が祝日）で、子どもたちの守護聖人となった聖ニコラと結びつけられたようである。（ちなみに今日誰にでも親しまれているサンタクロースの姿形は、19世紀中頃にあるアメリカ人によって思い描かれたものという。）各地の教会にはクレーシュ crèche と言って、キリスト誕生場面の模型が飾られる。とくに南仏プロヴァンス地方では、キリスト誕生の模型にサントン santon と呼ばれる土製の小さな彩色人形を飾る伝統がある。

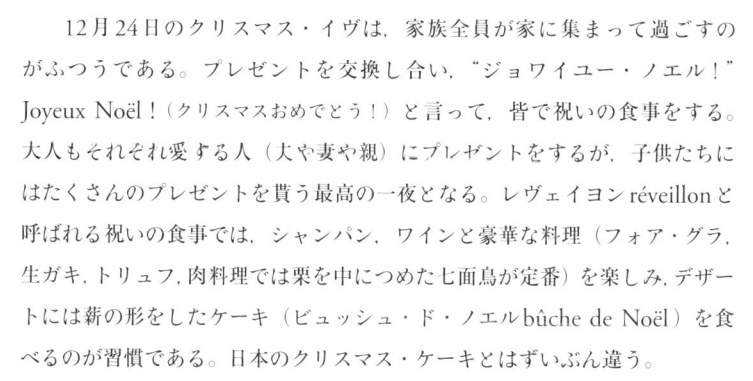

　12月24日のクリスマス・イヴは、家族全員が家に集まって過ごすのがふつうである。プレゼントを交換し合い、"ジョワイユー・ノエル！" Joyeux Noël !（クリスマスおめでとう！）と言って、皆で祝いの食事をする。大人もそれぞれ愛する人（夫や妻や親）にプレゼントをするが、子供たちにはたくさんのプレゼントを貰う最高の一夜となる。レヴェイヨン réveillon と呼ばれる祝いの食事では、シャンパン、ワインと豪華な料理（フォア・グラ、生ガキ、トリュフ、肉料理では栗を中につめた七面鳥が定番）を楽しみ、デザートには薪の形をしたケーキ（ビュッシュ・ド・ノエル bûche de Noël）を食べるのが習慣である。日本のクリスマス・ケーキとはずいぶん違う。

　その夜、カトリック信者の多くは教区の教会のミサに出かける。ふだんは空席の目立つ教会も、この日だけはキリスト降誕の喜びを歌う信者たちで一杯になる。パリではノートル・ダム大聖堂に、観光客も含めて夥しい人々が集まり、フランスで最も盛大な深夜ミサが行なわれる。そして翌25日はキリスト降誕祭（ノエル）。その日は家族で静かな休日を過ごす。

　クリスマスが終わったあとは、すぐに正月を迎える日本のような年末年

始の賑やかさも慌ただしさもない。ウィンター・スポーツなど冬のヴァカンスを楽しむ若い人たち，子どものクリスマス休暇（12月20日頃から2週間）に合わせて冬のヴァカンスをとる家庭，子どもをスキー学校に参加させてのんびりと年末を迎える家庭など…

フランスの法定祝祭日

元日 (Jour de l'An)	1月1日
復活祭 (Pâques)*	3月23日（2008年）
復活祭翌日の月曜日 (Lundi de Pâques)*	3月24日（2008年）
メーデー (Fête du Travail)	5月1日
キリスト昇天の祝日 (Ascension)*	5月1日（2008年）
第2次大戦休戦記念日 (Armistice de 1945)	5月8日
聖霊降臨の祝日 (Pentecôte)*	5月11日（2008年）
国の祝日 (Fête Nationale; le 14 juillet)	7月14日
聖母被昇天の祝日 (Assomption)	8月15日
諸聖人の祝日 (Toussaint)	11月1日
第1次大戦休戦記念日 (Armistice de 1918)	11月11日
クリスマス (Noël)	12月25日

*印は移動祝祭日：復活祭の月日（3月22日から4月25日の間）によって毎年変わる。ちなみに2005年〜2010年の復活祭は，それぞれ3月27日，4月16日，4月8日，3月23日，4月12日，4月4日である。

第4章 フランス人の生活

Parfait...

4

食べるたのしみ

PLAISIRS DE LA TABLE

フランス人と食事

　　フランス人の多くは食事を大切なものと考え，できるだけ機会を作って家族や友人，知人と一緒に食事を楽しむことを人生の大きな幸せと感じている。健康志向の高まりや生活スタイルの変化で，家計に占める食費の割合は以前よりもかなり減ってきている（1960年は33%，現在は18%）。とはいえ，レストランなどでおいしい料理を目の前にした彼らのしぐさや表情には喜びが溢れている。食事をおろそかにしないという点からも，フランスの「食」文化の伝統は今日も健在である。

ウィークデイの食事

　　平均的フランス人の日常（ウィークデイ）の食事は取り立てて言うほどのことではない。朝食は簡単で，バゲットにバターやジャムを塗ったタルティーヌとカフェかカフェ・オ・レ（あるいは紅茶，ココア）程度で済ませる。一方，昼食はかつて一日の最も重要な食事であり，家族が揃って食卓を囲む機会であった。今日でも地方の中・小都市では，昼休みに自宅に戻って食事をする家庭が多く，フランス全体では約70%の人々が昼食を自宅で取っているという。しかしパリなどでは，住宅事情から通勤通学に時間がかかり，また昼食時間の短縮もあって自宅での昼食は難しくなっており，職場に近い大衆向けブラッスリーなどで食事をする人々が多い。ファースト・フードとか一品料理（ア・ラ・カルト à la carte）で済ませる若い人が増えているが，

スープかサラダ，肉か魚，デザートからなる比較的軽い定食（ムニュ menu）あるいは日替わりのおすすめ料理を取る人も多い。（ただ最近の傾向として，飲物はワインではなくミネラル・ウォーターを取る人が増えている。）そして一家団欒の大切な機会である夕食は，家族が揃う8時前後に始まる。ウィークデイは，昼の定食程度の簡単な食事で済ます家庭が多いが，ワインとチーズが食卓を楽しいものにする。ちなみにフランスでは，料理を作るときにふつう砂糖を使わない。そのためデザート（食後ではなく食事の1要素）で甘いものを取るという。

テーブルに置かれたメニューを見て…

週末：会食の楽しみ

　一方，週末の食事では，家族や友人，知人と食卓を囲み，ゆっくり，たっぷり飲み食いする習慣がある。たとえば土曜の夜に友人夫婦や知人を家に招いて，手作りの料理とおしゃべりで2～3時間かけて夕食を楽しむ。あるいは日曜の昼に，ふだん別々に暮らしている親や兄弟あるいは祖父母と食卓を囲む。また週末以外にも，たとえば復活祭やクリスマスなどの祝祭日には豪華なフルコースを用意して家族で食事を楽しむ。このようにフランス人は，打ちとけた雰囲気の中でともに飲み食いする家庭での食事をとても大切にしている。それと同時に，結婚記念日や家族の誕生日など人生のさまざまな祝い事のとき，あるいはヴァカンスに出かけたときなどに外食する（レストランで食事をする）ことも大好きである。仲間との会食，職場の同僚の昇進，移動，退職などの際にもよくレストランを利用する。

　一口にレストランと言っても，予約をとり，おしゃれをして行くような高級レストランから，普段着で気軽に利用できる庶民的なビストロ bistrot（家庭的な料理を出す小レストラン）やブラッスリー brasserie（終日飲食ができる大衆的なカフェレストラン）までいろいろある。また料理も伝統的なフランス料理（各地方の郷土料理）や，カロリーを抑え自然味を重視したヌーヴェル・キュイジーヌ nouvelle cuisineからエスニック料理までさまざまである。

ミシュランのガイドブック

ところでフランスのレストラン・ガイドブックを代表するのは、『ゴー・ミョー』Gault Millau（アンリ・ゴーとクリスティアン・ミヨー）も有名であるが、やはりミシュランのガイドブックであろう。これは世界有数のタイヤメーカーのミシュラン社が刊行しているもので、1900年に自動車旅行（タイヤの販売）促進の目的でドライバーに無料配布したのが始まりで、1920年から有料販売となった。現在は、赤表紙の『ミシュラン・ガイドブック』(Le Guide Michelin) および緑表紙の各地方の旅行案内書と各種の道路地図を販売している。

その中で赤表紙の『ミシュラン・ガイドブック』はレストランのランク付けで世界的に知られている。毎年新版が出るこのガイドブックでは、レストランを星の数（3つ星〜1つ星）でランク付けをしている。3つ星は「最上の料理で出かける価値あり」、2つ星は「すばらしい料理で回り道する価値あり」、1つ星は「非常においしい料理」と説明されている。また星の数とともに、ナイフとフォークを交差させた印の数（5〜1）でレストランの快適度も表示している。このランク付けは、およそ20名の覆面審査員たちがその身分を明かすことなくレストランで食事をして採点した結果に基づくもので、その評価は毎年変わる。たとえば2004年版のガイドブックによると、そこに掲載されている4000軒余のレストランのうち、3つ星は27（10）軒、2つ星は63（16）軒、1つ星は409（58）軒となっている（カッコ内の数字はパリとパリ近郊のレストラン。）ちなみに5年前の1999年版では、それぞれ21（6）軒、74（23）軒、402（53）軒であった。

なお最近では、星がつかなくても「手が込んだ料理で手ごろな値段」のレストランを"ビッグ・グルマン Big Gourmand"（食いしん坊）として紹介して人気がある。大半のレストランは星なしで"ビッグ・グルマン"の印もないが、フランス全国で10万軒以上のレストランがあるというから、ミシュランのガイドブックに掲載されている店は、いわゆるレストランとして認められていると考えてよい。

ミシュランガイドブック

パリだけではない美食の国

　ところで「パリだけがフランスではない」とよく言われるが，それは料理についても当てはまる。実際，右記『ミシュラン・ガイドブック』のランク付けのデータが示しているように，3つ星〜1つ星のレストランの数はパリよりも地方のほうがはるかに多い。またどの地方にも，ミシュランで星なしのレストランでも，あるいはガイドブックなどに載っていなくても，地元の食材を使ったとびきりおいしい料理やチーズをたっぷり出してくれ，しかも値段も驚くほど安いところがある。フランス人はヴァカンスや旅行のときに，そうした安くておいしいレストランを見つけて，そこでゆっくりと時間をかけて地方の郷土料理とワインを味わうことを楽しみとしている。やはりフランスは美食の国なのである。

レストランの誕生

　中世から飲食物を提供する居酒屋や宿屋などはあったが，いわゆるレストランというものは存在しなかった。それでは今日のようなレストランはいつ頃から存在していたのだろうか。ここでレストラン誕生の歴史を簡単に振り返ってみよう。レストランrestaurantという言葉が「食事を提供する場所」の意味に使われるようになったのは18世紀後半のことである。それ以前は「体力を回復させる食物」あるいは「濃縮した肉汁で作ったブイヨン」を意味していた。そうした「体力を回復させる」料理を客に提供する「レストラン」を最初に開業したのはブーランジェとかいう人で，1765年のパリにおいてである。これが結構パリの人々の人気を得て，彼の店をまねた料理店が出始める。やがて1789年に勃発するフランス革命により，それまで宮廷や王侯貴族に雇われていた料理人たちがその職を失い，町に放り出される。同じく料理人として金持ちに雇い入れられる者もいたが，彼らの多くは生活の糧を得るために，相次いで料理店すなわちレストランを開業する。革命の指導者やパリに住む地方議員たちから一般市民に至るまで，おびただしい数の食いしん坊がいたこともそれに拍車をかけた。

レストランの普及・発展

　大革命以前には50軒にも満たなかったレストランの数は，王政復古の時期（1814～1830）には3000軒にもなった。つまり富裕層のためのレストランだけでなく，一般市民が利用できるレストランが増えたのである。個別にテーブルを配置し，手書きや印刷したメニューを用意して，客の注文に応じて料理をその場で提供する今日のレストランが普及したのである。（以前は大きな長いテーブルを囲んで他の大勢の客と一緒に食事をするのがふつうであった。）ちなみに順番に1品ずつ料理が出てくる今日のサービスは，第2帝政期の駐仏ロシア大使がもたらした方式で，ロシア式サービスとも言われる。それ以前のフランス式サービスは，大革命以前の王侯貴族の饗宴で行なわれていたやり方で，前菜もメインもデザートも，それぞれ数多くの料理を一度に食卓に並べるものであった。

パリのレストラン（20世紀初頭）

フランス料理とエスコフィエ

　19世紀を通してレストランから，舌の肥えた美食家や食いしん坊を満足させる料理の数々が生まれる。また19世紀後半から20世紀前半にかけて，視覚よりも味覚，量（品数）よりも質（洗練と簡潔）を重視した料理が広まり，同時に料理人の社会的地位も高まっていく。それに大きく貢献した料理人はオーギュスト・エスコフィエ（1846-1935）である。こうして20世紀後半には，一部の金持ちや美食家のための高級レストランだけではなく，多くの市民がそれぞれの懐具合に見合った値段で，質の高いおいしい料理を味わえるレストランが増えていくのである。

参考文献

フランスを中心とするヨーロッパの美食の歴史について：アントニー・ローリー『美食の歴史』（池上俊一監修，富樫瓔子訳，知の再発見双書，創元社，1996）。19世紀以来のフランス料理とフランス（パリ）人の食生活の伝統について：北山晴一『美食の社会史』（朝日選書，1991）。今日のフランス料理の魅力について：宇田川悟『フランス料理は進化する』（文春新書，2002）

Parfait...

5

カフェと公園

LES CAFÉS ET LES PARCS

　　フランス人の日常生活において，レストラン以上に大きな役割を持っているのはカフェ caféであろう。本来カフェは飲物としてのカフェ（コーヒー）を提供する場所であるが，多くはコーヒーをはじめ各種飲物やビール，ワインなどの酒類および軽食を提供する場所ともなっている（今日では"カフェ ― ブラッスリー"あるいは"カフェ ― レストラン"という看板を掲げているカフェが多い）。これら飲食物の他に，タバコの販売や場外馬券やロト（宝くじ）や切手などを扱っているカフェも多く，サッカーゲーム機やビリヤードを置いているカフェもある。ともかく今日カフェは，パン屋と同様，フランス人の日常生活には欠かせないものとなっている。

カフェはどんな場所？

　　現在フランスには4万6千軒余りのカフェがあるという。またパリには約1万2000軒のカフェがあり，そのうち半分以上（約7500軒）は舗道にせり出したテラスがある。ちなみにパリのカフェのオーナーにはフランス中南部オーベルニュ地方の出身者が圧倒的に多いという。（その理由については，玉村豊男『パリのカフェをつくった人々』を参照。）それでは一般大衆が気軽に立ち寄るカフェの中に入り，室内席あるいはテラスの椅子に座って，平均的なカフェのある1日を覗いてみよう。早朝にはカウンターで朝食（コーヒーとパン）をとる労働者や勤め人がいる。テーブルではコーヒーを飲みながら新聞などに目を通す人がいる。（カウンターとテーブルでは，同じコー

ヒーでも値段が少し違う。）やがて商談をする人たちが入って来る。昼になると，アペリティフを飲みに来る常連客や軽食あるいは簡単な定食を取る客で賑わう。午後のカフェには，近所に住む常連らしい老人，仕事や買物の途中で立ち寄る人，本やノートを広げて議論をする学生などがいる。それぞれが他人の存在を気にすることなく，そこで思い思いの時間を過ごしている。（どのカフェのボーイも，そうした人たちが何時間いても彼らを追い立てるようなことは決してしない。）そして夕方5時過ぎになると，仕事を終えた人たちがカフェに立ち寄り，カウンターでコーヒーやビールやワインを飲みながら世間話に花を咲かせる。カフェが閉まるのはふつう午後11時前後であるが，パリの繁華街などでは翌朝の午前1～2時まで営業している店も少なくない。地方の小さな村や町ではもっと早くカフェが閉まるが，日中は常連（住民）の溜まり場となっている。

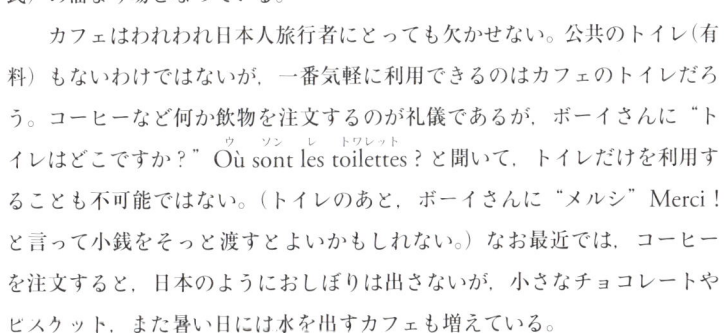

　カフェはわれわれ日本人旅行者にとっても欠かせない。公共のトイレ（有料）もないわけではないが，一番気軽に利用できるのはカフェのトイレだろう。コーヒーなど何か飲物を注文するのが礼儀であるが，ボーイさんに"トイレはどこですか？" Où sont les toilettes ? と聞いて，トイレだけを利用することも不可能ではない。（トイレのあと，ボーイさんに"メルシ" Merci ! と言って小銭をそっと渡すとよいかもしれない。）なお最近では，コーヒーを注文すると，日本のようにおしぼりは出さないが，小さなチョコレートやビスケット，また暑い日には水を出すカフェも増えている。

思い思いの時間を過ごす…

「カフェ・ド・ラ・ペ」のテラス（20世紀初頭）

カフェ小史

　このように今日フランスの市民生活と密接に結びついているカフェであるが、ここでパリのカフェを中心に、その歴史をちょっと振り返ってみよう。飲物としてのカフェ（コーヒー）の歴史は15世紀にイスラム世界で始まる。16世紀半ばには、コーヒーを飲む習慣がエジプト、ペルシア（イラン）、トルコに広がる。そしてヨーロッパでは、16世紀末にヴェネチアにコーヒーが登場して以来、17世紀を通してこの飲物が各国に広まり、ヨーロッパの諸都市にコーヒーを飲ませる店舗としてのカフェが生まれる。フランスでは1664年にマルセイユにフランス最初のカフェが誕生し、パリでは1672年にルーヴル河岸に最初のカフェが開店したという。

カフェ"ル・プロコープ"

　しかしパリにできた最初の本格的カフェは1686年にイタリア人プロコピオが開いた"カフェ・プロコープ"であり、ほどなくそこは有名な文士や哲学者たちの集まる場所となった。18世紀には百科全書派の人たち（ヴォルテール、ディドロ、ダランベール、ルソーなど）、フランス革命当時は革命家たち（ダントン、マラー、ロベスピエールなど）、19世紀には名だたる作家たち（ミュッセやジョルジュ・サンド、バルザック、ユゴーなど）がそこに通ったという。なおこの由緒あるカフェは、何度かの危機を乗り越えて、今日でもパリ6区にレストラン"ル・プロコープ"Le Procopeとして存続している。

ル・プロコープ

カフェ全盛期

　この"カフェ・プロコープ"が開店し人気を得たことで、パリ市民のカフェに対する需要が高まり、30年後の1716年には、カフェが約300軒に増えている。19世紀初頭には既に2000軒以上のカフェがあったという。18世紀後半から19世紀初頭にかけて、カフェが賑わったのはセーヌ右岸のパレ＝ロワイヤル地区とその周辺であったが、19世紀前半（1830年頃）からカフェの中心はそれより北のブールヴァールに移っていく。19世紀を通して、パリ

市民が憩いと娯楽を求めて散歩したブールヴァール（セーヌ右岸。今日グラン・ブールヴァールと呼ばれている，バスティーユ広場からマドレーヌ教会までつづく半円状の大通り）には，多くの劇場や見世物小屋，レストランやカフェが立ち並び，幅の広い遊歩道にもテーブルや椅子を出して給仕をし始める。こうして私的な場（閉じた空間）であると同時に公共の場（開かれた空間）でもあるテラス・カフェが出現する。1875年に開店した，オペラ座広場の脇にある有名な「カフェ・ド・ラ・ペ」は今日も客を集め，テラスはいつも賑わいを見せている。20世紀に入ると，ブールヴァールに代わって，富裕層が好んだシャンゼリゼや，知識人や芸術家が集まったモンパルナスやモンマルトルあるいはサン＝ジェルマン＝デ＝プレを中心にカフェが賑わいを見せる。

カフェは文化

ところでフランス（パリ）のカフェには，かつての"カフェ・プロコープ"に代表される議論の場，作家や思想家や芸術家の集まる場としての伝統がある。たとえば同じパリ6区のサン＝ジェルマン＝デ・プレ広場にある2つのカフェ（"レ・ドゥ・マゴ"と"カフェ・ド・フロール"）は，第2次大戦後に文学者，芸術家，知識人，とくに実存主義思想家として知られるサルトルやボーヴォワールなどの溜まり場であった。そして今日，そうした議論の場としてのカフェが復活し始めているという。一人がその日のテーマを出し，それについてカフェに集まった人々が議論するもので，「哲学カフェ」と呼ばれている。もちろんカフェはそうした議論の場だけではない。先に述べたように，カフェは休息の場，待ち合わせの場，軽食を取る場，一杯やる場，常連や住民の溜まり場など，フランス人の日常生活でいろいろな役割を果たしている。つまりカフェは，利用客によってその姿を変える一種の多目的ルームの機能を持ち，また広場や舗道にせり出したテラス・カフェは，公共の場であると同時に私的な場所としての機能を持つユニークな空間と言うことができよう。たとえヴァカンスに出かけない人にも，読書や映画を楽しまない人にも，スポーツをしない人にも，カフェがある。「休む」ことを大切にするフランス人にとって，カフェは人間らしく「自由に時間を過ごす」ことのできる日常の空間な

レ・ドゥ・マゴ

カフェ・ド・フロール

のである。フランス人（パリっ子）とカフェ，あるいはフランス（パリ）とカフェとは分かち難く結びついている

公　園

　　カフェと同様，公園もフランスの市民生活を知る格好の場所である。それは公園が文字通りすべての市民に開かれた，多くの市民が思い思いに時間を過ごす公共の空間となっているからである。ジョギングをする人，犬の散歩をさせる人，赤ちゃんや小さな子どもを連れたベビー・シッターあるいは母親，サンドイッチを頬張る若者，ベンチで新聞や本を読む人，おしゃべりを楽しむ老婦人たち，金属製のボールを転がしてペタンクに興ずる老人たち，ベンチで接吻を交わす恋人，等々。このように公園は，老若男女を問わず，週末はもちろん週日も，さまざまな市民の憩いの場となっている。

パリの公園

　　ところでパリ市内には広大な緑地空間はないが，それぞれ個性と魅力を持った公園がある。それは第2帝政期（1852～70）にオスマンによるパリ大改造によって行われた公園の創設と整備によるところが大きい。ここでパリにある主な公園を挙げておこう。かつて王宮の庭であったフランス式庭園のチュイルリー公園（1区），パリ市民から最も親しまれ，リュクサンブール宮殿（今日は元老院が置かれ，公園を管理している）のあるリュクサンブール公園（6区），パリ国際大学都市に接して広がるイギリス式庭園のモンスリ公園（14区），同じくイギリス式庭園のこじんまりしたモンソー公園（17区），起伏に富んでいて，モンマルトルの丘やパリ北郊を眺望することができる展望台もあるビュット・ショーモン公園（19区）などである。またどの地区にも小公園（スクワル）があり，いずれもパリ市民の憩いの場として日常的に親しまれている。

チュイリー公園

第4章 フランス人の生活

パリの2つの森

　一方，パリの東西には，市内に接してそれぞれヴァンセンヌの森およびブーローニュの森という2つの広大な公園（ともにパリのコミューヌ）が広がっている。東端のヴァンセンヌの森（約1000ヘクタール）には，フランスで最も種類の多い動物園や四季の花々が楽しめるフラワー・ガーデンがあり，その北端には歴史的に名高いヴァンセンヌ城がある。また西端のブーローニュの森はヴァンセンヌの森よりやや小さいが，こちらにも馴化動物園やバガテル（バラ園で有名），ロンシャン競馬場や全仏オープン（テニス）で知られるローラン＝ギャロス・スタジアム（見学可）などがある。週末にはどちらの公園も，広い芝生やベンチでくつろぐ恋人や夫婦や親子，散歩する人，広い池のまわりをジョギングする人，サイクリングする人たちが集まるが，それでも静かで落ち着いた雰囲気のところが大半である。それほどこの2つの公園は広大なのである。

　なお公園ではないが，数多くの有名な文人，芸術家，音楽家たちの墓があるパリの3大墓地にも公園のような雰囲気がある。南のモンパルナス墓地（14区），北のモンマルトル墓地（18区），東のペール・ラシェーズ墓地（20区）である。中でもペール・ラシェーズ墓地は，パリ市内では最大の緑地空間（約44ヘクタール）を持ち，起伏に富んだ趣のある墓地である。それぞれ入口の受付には有名な人々の墓の位置を記した地図があるので，それを貰って墓地を散歩するとよい。

ヴァンセンヌの森

ロラン・ギャロス

参考文献

フランス（パリ）のカフェについて：渡辺淳『カフェ ―ユニークな文化の場所』（丸善ライブラリー，1995），玉村豊男『パリのカフェをつくった人々』（中公文庫，1997）

Parfait...

Bienvenue en France

6

マルシェに行こう

AUX MARCHÉS

日常の買物

　フランス人が日常の買物をする店は日本人のそれとあまり変わらない。ひとつは，ほとんどのフランス人が毎日利用するパン屋（兼菓子屋）をはじめ，肉屋，魚屋，八百屋，チーズ屋，酒屋などの食料品店，薬屋，小間物屋，日用雑貨屋などの小売店である。ひとつは，今や多くの町にあるスーパーマーケット supermarché（スュペルマルシェ），あるいは郊外にある駐車場完備の大規模スーパー hypermarché（イペルマルシェ）である。最近は多くの女性が仕事を持ち忙しくなったこともあり，一度にほとんどのものが揃うスーパーで買物をする家庭が増えている（なお多くのスーパーでは，野菜と果物はセルフ・サービスの量り売りになっている）。とはいえ，パン屋はもちろん，たとえばチーズ屋，酒屋などの小売専門店にはスーパーにはないこだわりと魅力がある。スーパーや小売店の他，デパート（grand magasin（グラン マガザン））を利用する人も少なくない。ちなみにフランスには自動販売機もコンビニもない。夜おそくまで，また日曜日も店を開けているという点で，主にアラブ系あるいは北アフリカ移民が経営する小さな食料品店がコンビニに当たるかもしれない。やや割高だが，われわれ日本人旅行者には便利である。

マルシェのある生活

　そしてもうひとつは，昔からフランス人の日常生活の中で最も親しまれてきたマルシェ marché（市）である。マルシェには，建物の中で毎日営業

する常設市と市町村の各地区に週2～3回立つ露天市（朝市）がある。最近はスーパーマーケットの進出に押され気味ではあるが，今日でもマルシェがフランスの市民生活の中で大きな役割を果たしていることに変わりはなく，10人のうち6人が日常的にマルシェで買物をするという。地方の多くの町や村には"市の立つ広場" Place du marché があり，そこで毎週定期的に市が立つ。周辺には郵便局や役場や教会，パン屋やカフェやレストランなどがあるところが多く，"市の立つ広場"は人々の暮らしの中心的な場所，最も活気のある生活空間となっている。

活気のある生活空間

　"市の立つ広場"は人々の暮らしの中心的な場所であるから，人々がマルシェに行くのは，新鮮で安い食料品や日用品を求めるためだけではない。ウィークデイならばマルシェで買物をするついでに役場や郵便局での用事を済ませたり，土曜日ならば夫婦あるいは家族そろって散歩を兼ねて買物をする機会でもある。市の立つ日は，市町村によってまちまちである。露天市だけのところもあれば露天市と常設市があるところもある。またパリのような大都市あるいは中都市では，市の立つ場所も広場とは限らないし，市の立つ曜日も回数も地区によって異なるところが多い。それでは朝早く起きて，マルシェ（朝市）をゆっくり見学してみよう。

　マルシェの開いている時間はどこでもふつう早朝から昼過ぎまでである。そこには漁港や近郷の農村などから車で運び込まれたさまざまな食料品をはじめ，香辛料，花，衣料品，日用品などを置いた屋台が所狭しと立ち並ぶ。牛，豚，羊など多くの肉類はもちろん，平台に山盛りにされた，少し泥のついた野菜や形がやや不揃いな果物はどれも新鮮で安い。またケースに並べられたさまざまなハムやソーセージ，あるいは数え切れない種類のチーズなどは壮観である。海に近いところでは新鮮な魚介類，南フランスでは香辛料や花が豊富に並ぶ。6～9月にはエスカルゴ，秋にはウサギ肉や野鳥あるいはキノコ類も登場する。花はミモザ（2月），チューリップ（4月），スズラン（5月），バラ（6月），菊（10月）など。いずれも季節の旬に売られる。

　人々はマルシェに並ぶ何軒かの店の品や値段を見比べて，あるいはなし

みの店で会話を楽しみながら買物をする．つまりマルシェは，肉や魚や野菜や果物などの色，香辛料や花などの匂い，商人たちの呼び声や人々のおしゃべりでにぎやかな音に満ち溢れた，楽しく活気のある空間，土の香りと季節のリズムを感じさせてくれる空間であり，フランス人の日常生活に密接に結びついた空間なのである．

　フランスには，このようなマルシェ（露天市，常設市）の他にも，いろいろなマルシェがある．たとえばパリでは，蚤の市（パリの北にあるクリニャンクールが大規模で有名．その他ヴァンヴなど），切手市（シャンゼリゼ大通り脇の小公園），花市や小鳥市（シテ島）そしてブキニストたち bouquinistes の古本市（セーヌ川両岸）が有名で，パリっ子たちの日常あるいは週末の楽しみになっている．種類や規模はパリほどではないが，どの地方の都市でもこれと似たようなマルシェが開かれており，とくに地元農家による農産物市（チーズ，家禽，ハチミツなど）なども盛んである．

マルシェの伝統

　ところで"市の立つ広場"あるいはマルシェの伝統は，フランスだけではなくヨーロッパ諸国の多くの都市に見られる．その源は，人々が集会を開き，市が立つ広場であった．古代ギリシアの"アゴラ"あるいは古代ローマの"フォルム"にまで遡ることができよう．やがて中世期にヨーロッパの商業活動が活発になると，12〜13世紀には毎年定期的に開かれる大市（定期市）が発達し，そこで皮革やラシャなどの衣類，穀物や香辛料などが取引されるようになる．（フランスでは，中世ヨーロッパの交通の要衝であったシャンパーニュの定期市などが有名である．）卸売市場が諸都市の商業の中心となり，そこにラシャなどの織物を扱う業者が出入りし，さらに肉，魚，野菜，果物などの生鮮食料品を扱うマルシェ（市）もできる．新鮮な食料品が毎日持ち込まれ，取引され，マルシェは日常的なものになっていく．ちなみに気候の厳しいフランス（およびヨーロッパ）の北の地方では屋根付きの市場であったが，南の地方では屋根なしの青空市場が多かったという．それはともかく，こうしてフランス（およびヨーロッパ）の諸都市，町や村の"市の立つ広場"で，日常のさまざまな食料品を中心とする今日のマルシェの伝統が

第4章 フランス人の生活

生まれ，フランスにはフランス特有のマルシェ，農業国あるいは美食の国にふさわしい豊富な食材とおしゃべり好きな人々が醸し出す楽しく活気ある生活空間が作られてきたのである。

パリの中央市場レ・アル（20世紀初頭）
レ・アルについて（本書28, 38頁参照）

Parfait...

7

フランス人のおしゃれ

AU PAYS DE LA MODE

"ブティック"

　今日"ブティック"と言うと，シャネルとかディオールとかカルダンとかルイ・ヴィトンと言った自家ブランドを持つ高級ブティックを思い浮かべる。しかしフランス語のブティック boutique には2つの意味がある。もともとブティックとは食料品店，パン屋，小間物屋，日用雑貨品店などの小売店のことであるが，19世紀末からこの言葉は，高級で有名な銘柄つまり自家ブランドを持つ店も指すようになる。最初は高級既製服店だけであったが，やがて宝飾店，香水店，皮革製品の店なども指すようになった。

ブランドの街，パリ

　今日パリでは，フォーブール・サン＝トノレ通り，サン＝ジェルマン界隈，さらに日曜日にも営業するマレ地区などが有名ブランドのブティックのあることで知られているが，高級ブティックが集まった最も有名なところは，パリ8区にある「黄金の三角地区」と呼ばれている界隈（シャンゼリゼとジョルジュ・サンクとモンテーニュの3つの大通りに囲まれた地区）であろう。ルイ・ヴィトン，エルメス，カルティエ，イヴ・サン＝ローラン，ディオール，シャネル，ジヴァンシィ，グッチなど，豪華なブランド品が買物好きの観光客や見学者の目と心を惹きつけてやまない。しかしこれら高級ブティックの買物客は，一部の富裕層あるいは収入や地位の高い人々を除けば，フランス

カルティエ

136　Bienvenue en France

人ではなく，ブランド品の好きな日本人などの外国人が多い。（とくに日本人は，若い人たちが買物をすることで有名である。）それでは大半のフランス人はどうなのだろうか。

エルメス

フランス人のオシャレ意識

　かつてフランスでは19世紀後半から20世紀半ば（あるいは1960年代）まで，一種の階級社会の中で，ブルジョワジーは中産市民階級に属する者として，それなりの経済的豊かさと趣味のよさを持っていた。その時期は外見つまり衣服や身だしなみがその人の社会的階級を示す記号であったから，ブランド品や高級品を身に付けておしゃれをすることは，その人の社会的ステイタスを示すことでもあった。しかし今日，日本よりも階級意識の強いフランスでも，大半を占める中間層に属する人々は平等感覚を持っており，その生活習慣も作法も大きく変化している。服飾やおしゃれで大切なのは，「決まっている」「着心地がよい」「自分のセンスで装う」ことであり，流行をそのまま追いかけることでもブランド品や高級品にお金をかけることでもない。

オシャレの基本は自分らしさ

　それぞれ髪の色（ブロンド，褐色，栗色，赤茶色など）や目の色（青，緑，栗色など）や肌の色がちがうフランス人は，子どものときから自分の髪や目や肌の色に合った個性的なスタイルを心がけるという。お金がないのが当り前の若者は，工夫して自分なりのおしゃれをする。若い女性のさっそうとした歩き方もおしゃれのひとつだ。教室にブランド品や高級品を身につけて来る学生はまずいない。経済的に自立した30～40代になっても，一時の流行に左右されることなく，自分に似合うもので，かつ長く愛用できる品物を買う人が多い。

　ともかく男性も女性も，自分らしさを示すことに注意を払う。たとえば女性のヘアスタイルであるが，フランスではヘアカラーよりも自分の個性あるいはセンスを自由に表現できるカットの仕方が重要視されるという。実際，女性のヘアスタイル（カット）はさまざまである。服装は男女とも，基本的

には地味なもの（黒やグレイやベージュ系など）が多いようだ。最近の流行でもあろうが，石造りの建物の多い，灰色を基調とした落ち着いた町並みにマッチするからとも思われる。一見，意外なほど地味な装いの人が多いようにみえるが，スカーフやストールやマフラー，シャツや装身具などで，それぞれが自分のアイデアでおしゃれしている。

　　　　フランス人にとって，何よりも「他の人とちがう」ことが個性の表現であり，おしゃれなのである。彼らは，おしゃれだけではなくライフスタイル全般にわたって，考え方も感じ方も生き方も皆と同じであることを嫌う。フランス人は，一見皆に似ているようでありながら「誰ともちがう」ことをいつも強く意識している。

ブティックでは注意を

　　　　ところでわれわれ日本人はブティックなどで買物をするとき，何かすてきなものがないかと思って漫然と店に入ることが多いが，フランスでは嫌な思いをすることがある。たとえば黙って店に入り，店内の商品に勝手に手を触れて注意されることがある。（店員に"ボンジュール"Bonjour と言って，さらに"アン・クゥ・ドゥユ"un coup d'œil「ちょっと見るだけですが」と断るとよい。）また自分の好みあるいは選択基準をしっかり持っていないと，店員への返答に窮するようなことになる。会話力とは別の問題である。

バーゲンの季節

　　　　大半のフランス人はブランド品をほとんど買わないし，また一般に無駄遣いをしない倹約家でもある。（実際，たとえば2002年の平均的フランス人の被服費は4.8％と少ない。ちなみに住居・暖房費は23％，食費は18％，交通・通信費は17％，余暇・教養費は9.2％）そこでバーゲン soldes（ソルド）の時期（1月上旬〜2月と6月下旬〜7月の年2回。その他，時期に関係なくセールス・プロモーションもある）が近づくと，仕事の行き帰りなどによくウィンドウショッピングをし，財布と相談しながら目ぼしいものを探している人が多い。そしてバーゲンが始まると，値引きをした高級服飾品から寝具類などの家庭用品まで，お買い得品を探し求める買物客でブティックやデパートが賑わう。

デパートを見学する

　ところでフランス，とくにパリには無数のブティックがあるが，今日では日本（東京など）にも同じブティックがかなり出店しており，値段以外にはあまり違いがない。一方デパートを訪れてみると，各階の品揃え，ディスプレー，豊かな彩り，日本とは多少違う買物のルール（先にレジで支払いを済ませ，そのレシートと引き換えに商品を受け取る）あるいは店員の接客態度など，ちょっとした違いや発見があって面白い（なおデパートのトイレの出入り口にはおばさんがいて，義務ではないがトイレのあと小銭を渡す破目になる。また写真撮影も注意される）。

　近代消費生活の始まりとともに19世紀半ばに，パサージュに取って代わって出現したデパート（フランス語でgrand magasin〈グラン　マガザン〉）は，とくに中産市民階級の女性消費者が増加した19世紀後半から急速に発展する。現在パリにあるデパートの多くはその時期に誕生し，発展し拡大してきた。そのいくつかを創業年代の古い順から挙げると，「ボン・マルシェ」（1852年，7区），「バザール・ド・ロテル・ド・ヴィル（B.H.V.）」（1856年，4区），「プランタン」（1865年，9区他4店），「サマリテーヌ」（1869年，1区），「ギャルリ・ラファイエット」（1895年，9区と15区）である。（なお「サマリテーヌ」は改修のため，2005年から休業していたが，まもなくリニューアルオープンの予定。）

ボン・マルシェ（20世紀初頭）

モード小史

　今日モード mode（流行，ファッション）と言えば，パリと並んでミラノやロンドンやニューヨークを思い浮かべるが，20世紀初頭から1970年代初頭まではやはりフランス（パリ）がその発信地だったと言っても過言ではない。

　近世から近代ヨーロッパにおけるモードの歴史と変遷を見ると，イタリア，スペイン（15世紀後半から17世紀前半）に次いで，フランスがモードの中心になり始めるのは，ヨーロッパ第一の強国となり，ヴェルサイユに宮廷文化が花開いたルイ14世（在位1643-1715）の時代からである。そして17世紀後半から1789年の大革命まで，モードの主役は王侯貴族やごく一部の富裕層であり，それがブルジョワ（中産市民階級）に移っていくのは，オートクチュール haute couture（高級注文服仕立て業）の誕生およびプレタポルテ prêt-à-porter（高級既製服）の企業化が始まる19世紀半ばから後半にかけてのことである。フランスにおけるそのようなモードの歴史と変遷については，下記の参考書などを参照していただくとして，ここでは以下のことを指摘するだけにとどめる。

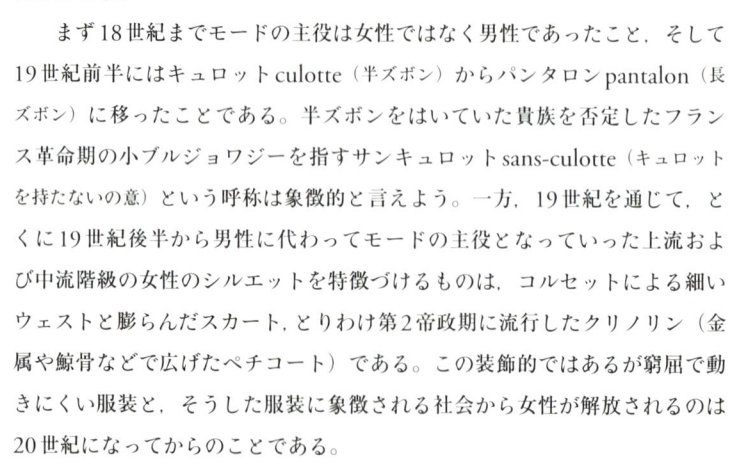

　まず18世紀までモードの主役は女性ではなく男性であったこと，そして19世紀前半にはキュロット culotte（半ズボン）からパンタロン pantalon（長ズボン）に移ったことである。半ズボンをはいていた貴族を否定したフランス革命期の小ブルジョワジーを指すサンキュロット sans-culotte（キュロットを持たないの意）という呼称は象徴的と言えよう。一方，19世紀を通じて，とくに19世紀後半から男性に代わってモードの主役となっていった上流および中流階級の女性のシルエットを特徴づけるものは，コルセットによる細いウェストと膨らんだスカート，とりわけ第2帝政期に流行したクリノリン（金属や鯨骨などで広げたペチコート）である。この装飾的ではあるが窮屈で動きにくい服装と，そうした服装に象徴される社会から女性が解放されるのは20世紀になってからのことである。

女性の服装（第二帝政期）

モードの発信者たち

　20世紀初頭，ポール・ポワレ（1879-1944）は女性の身体を拘束するコルセットを取り去り，その代わりにブラジャーの着用を一般化させる。つづいてココ・シャネル（本名ガブリエル・シャネル：1883-1971）は1910年代に，働く女性が活動しやすく，シンプルで機能的な新しい時代の女性服を提唱する。こうして婦人服のスタイルは装飾性から機能性へと大きく変わる。またシャネルは第1次大戦後には香水（シャネルNo.5）でも有名になる。

　第2次大戦後には，この2人につづく主な服飾デザイナーとして，逆に華麗で優雅な「ニュールック」を流行させたクリスチャン・ディオール（1905-57），60年代に入るとオートクチュールに対してプレタポルテの大量生産と販売を手がけたピエール・カルダン（1922- ），ディオールの弟子でクラシック派を代表するイヴ・サン＝ローラン（1936- ）などの名前が挙げられる。そして70年代以降は，プレタポルテが台頭し，オートクチュール・デザイナーとともにニューモードのデザイナーたちが活躍し始めるのである（アニェス・B，セリーヌ，エルメス，ケンゾー，ソニア・リキエル，イッセイ・ミヤケなど）。

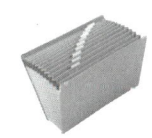

参考文献

フランスにおけるモードの歴史と変遷について：野澤慧子『モードの社会史 ―西洋近代服の誕生と展開』（有斐閣選書，1991）。19世紀のパリモードについて：北山晴一『おしゃれの社会史』（朝日選書，1991）。デパートの誕生について：鹿島茂『デパートを発明した夫婦』（講談社現代新書，1991）およびゾラの小説『ボヌール・デ・ダム百貨店』（吉田典子訳，藤原書店，2004）

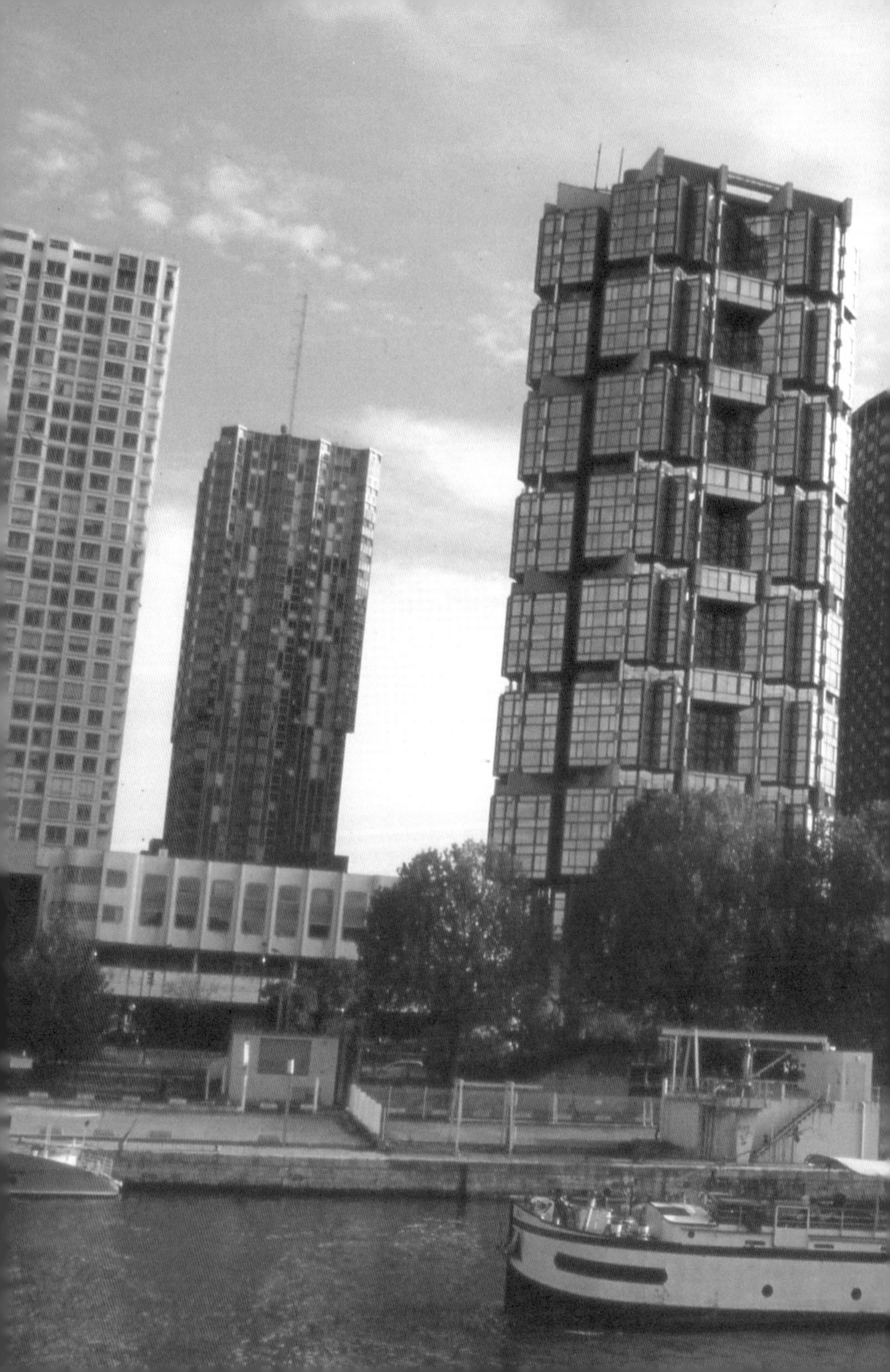

第5章
変わりゆく
フランス社会

1 フランスの教育制度 ～大衆化とエリート主義

LE SYSTÈME ÉDUCATIF

　ここ30〜40年間でフランスの教育状況は大きく変化した。1950年代半ばには、子どもの60%が義務教育（当時は14才）だけで社会に出ていた。また1960年頃までは、同世代のわずか10%の若者だけがバカロレア（大学入学資格）を取得していたが、それが1970年代初頭には30%となり、最近では63%（2003年）に達している。つまりこの半世紀で、フランスでは教育の普及とともに高等教育の大衆化がかなり進んだと言えよう。

　1990年代後半には、人口の約20%余を占める1260〜1280万人の小中高生が学校で教育を受けている。幼稚園は義務教育と同じく無償で、3才児のほぼ全員（99%）が入園している。これは幼児教育の必要性だけではなく、子どもを持つ女性のほとんどが仕事を持ち続けていることによる。また最近では欧州連合（EU）の一員として、とくに中等教育段階での外国語教育が熱心に行なわれている（これについては、後述の「4. 欧州連合の中のフランス」を参照）。高等教育では、160万人前後の学生（1960年代後半の学生数の約3倍）が84の国立大学で学んでおり、女子学生の占める比率も1980年代以降50%を超えている（フランスの大学はほとんどが国立である。私立大学が数校あるが、そのほとんどはカトリックの大学。ちなみにフランスには女子大学はない）。日本と同じように教育の普及と高学歴化あるいは高等教育の大衆化が進んでいるフランスであるが、フランスの教育制度には、日本にはない特色がいくつかある。

義務教育：落第，その他

　まず義務教育（6〜16才）の段階で，飛び級もあるが，年令により自動的に進級するに至らない落第がある。20年前に比べると，落第の比率はかなり低くなってきているが，それでも日本では考えられないパーセンテージである。それはコレージュ collège（中学：第6級〜第3級の4年間）での進級率を見るとよくわかる。たとえば第6級〜第5級の進級率は84.2%（1980年），89.5%（1990年），91.1%（2002年）である。またリセ lycée（高校：2〜3年間）に進学する第3級〜第2級の進級率はかなり低く，55.3%（1980年），58.1%（1990年），56.2%（2002年）となっている。生徒たちの進級と落第は毎年6月に開かれる評議会（教員の他，父兄や生徒の代表などで構成される進級や進路に関する会議）で決められる。教師は事前に保護者に会って話し合いをするが，そこでは消化不良のまま進級するのではなく留年して

フランスの教育制度

標準年齢	教育段階	学校	学年		課程・証書
	高等教育	大学 (université)	博士 (Doctorat)		
			修士 (Master)		
			(Maîtrise)		
			学士 (Licence)		グランド・ゼコール (grandes écoles) 準備学級
			一般課程 修了証書 (DEUG; DEUST)		
		バカロレア (bac)		技術者免状 (BT)	
					職業適性証書 (CAP)
17	中等教育	高校 (lycée)	最終学年 (terminale) 第1級 (1re) 第2級 (2e)	一般・技術教育リセ	職業教育リセ
15					
14		中学校 (collège)	第3級 (3e)	進路選択課程	
			第4級 (4e)	中間課程	
			第5級 (5e)		
11			第6級 (6e)	適応課程	
10	初等教育	小学校 (école primaire)	中級クラス (CM2) (CM1)		
			初級クラス (CE2) (CE1)		
6			準備クラス (CP)		
5〜3	幼児教育		幼稚園 (école maternelle)		

標準年齢（義務教育：6〜16才）

フランスの教育制度は，中等教育（高校）からもっと多様（複雑）であるが，ここでは単純化して示している。

もう一度やり直すことが問題になる。ちなみに落第のことを，フランス語でredoublement（ルドゥーブルマン）（やり直し）と言う。

その他，日本の学校と異なる興味深い点がいくつかある。入学式（始業式）や卒業式（終業式）などの儀式がないし，校歌や制服もない。学校は学科を教えるところで，生徒会活動やクラブ活動（教科外活動）などもない。学校だけではなく，社会に出ても入社式や社章まである日本とは何という違いだろうか。

バカロレア

フランスの教育制度は日本のそれよりも多様であり複雑である。たとえばリセではいくつかのコースがあり，職業リセ（2年間）で実社会に出る生徒もいる。しかし今日，多くの生徒は一般・技術リセ（3年間）に進学し，バカロレアを受験する。バカロレア（baccalauréat：俗称バックbac）はフランス独自の試験制度であり，毎年6月に全国で一斉実施される中等教育（高校）終了資格と大学入学資格を兼ねた国家統一試験である。バカロレアに合格した者は，原則として希望する大学に登録できるが，希望者が多い場合は成績順で第2志望の大学になることもある。また合格して「バカロレア証書」を取得しても，大学に登録せず実社会に出る者もいる。

このバカロレアという制度は皇帝ナポレオン1世（在位1804-1814）によって1808年に制定された。その目的はすぐれた知識と知的能力によって国を支える優秀な人材を養成することであった。翌1809年に行われた最初のバカロレアは30分の口頭試問だけで，合格者はわずか31人であったという。その後も19世紀を通じてバカロレア取得者はごく少数で，フランス社会のエリートでありつづける。女性の合格者が出るのは1884年のことである。1900年の合格者は約6000人であったが，その後1950年には約7万3000人，1960年には約14万5000人…というように増加し続ける。

バカロレアのしくみ

現在バカロレアには数多くの部門があるが，大別すると人文，社会，自

然系の一般バカロレア，電子工学や情報科学などの技術バカロレア，機械工学やインテリアなどの職業バカロレアに分かれる。試験科目は部門によってさまざまであるが，ふつう科目数は8～10である。(リセ第1学級すなわち高校2年終了時にフランス語の試験がある。) 筆記試験と口述試問があり，筆記試験は論文試験で，日本のようなマークシート方式や○×方式ではない。試験期間は4日間で，しかも各科目の試験時間は2～4時間も続くため，受験者にとってバカロレアの4日間は不安と緊張の連続である。なお受験者の平均年令は17才であるが，年令制限はないので，受験者の年令も話題になる。(たとえば2004年では，最も若い受験者が14才，最高年令は81才であった。)

大学の現在

　最近のデータによると，2001年の合格者数は49万9228人，合格率は79.4%(一般バカロレア)，78.1%(技術バカロレア)，77.5%(職業バカロレア)である。また2003年の合格率は，それぞれ83.7%，76.7%，75.9%となっている。このように最近のバカロレア合格率は75%以上で，政府・文部省が目標にしている合格率80%に近づいている。

　しかし同時に大学では深刻な問題もいくつか出てきている。大学に進学する若者がかなり増加したために，大学の研究教育施設がそれに追いつかない状況が続いていることである。そのため教育環境の改善を求める学生たちの抗議集会やデモやストライキもよく行われる。一方，毎年およそ10万人の学生が何の免状もなく大学を去っている。実際，バカロレアに合格して大学に登録しても，第1段階 (2年)の「大学一般課程終了証書」(D.E.U.G.)取得者は80%であるが，2年間でそれを取得する学生は半数にすぎない。また第2段階 (学士1年，修士1年)の「学士号」(リサンス licence)の免状取得者は60%に満たないし，1年間でそれを取得する学生は半数以下である。その理由として，バカロレアが競争試験ではないこと，登録料が非常に安いこと (学費は無料)，10%～20%の学生が授業に出ていないこと，などが指摘されている。

　なお今日，大学では欧州連合の時代に対応した教育改革が進められている。ヨーロッパの大学や研究機関での学生・教師の交流，共通の単位認

定や共通の教育課程（従来の1年間の修士課程 maîtrise〔メトリーズ〕に代わる2年間の修士課程 master〔マステール〕）の新設などである。

グランド・ゼコール

　教育制度のもうひとつの特徴として，大学とは別にグランド・ゼコール grandes écoles（大学校）というフランス独自の高等教育機関がある。13世紀初頭に創立されたパリ大学に始まるフランスの大学は，自由学芸学部（教養学部）および神学部，法学部，医学部だけであった。年令も国もさまざまな学生たちは，まず自由学芸学部で3学（文法，修辞学，論理学）4科（算数，幾何学，天文学，音楽）を，彼らの共通語であるラテン語で学んだ。ちなみに大学の原語ウニウェルシタス（ラテン語 universitas）は，教師と学生の集団つまり同業組合を意味していた。中世の大学の基本的な性格と組織は近世まで続く。

　しかし18世紀になると，優れた技師や建築家や軍人など専門職を養成する高等専門技術学校が必要となり，1747年に「土木学校」，1794年には「理工科学校」が創立され，その後も国家に奉仕する優秀な武官，文官を育成する実学的で官僚的性格の強いグランド・ゼコールが創設されていく。最近では，1945年創立の「国立行政学院」（E.N.A.）が最も有名で，これまで多くの政治家や高級事務官僚を輩出している。ジャック・シラク現大統領（在任1995～）やシラクと大統領選挙を争った社会党のリヨネル・ジョスパン（前首相）もその出身者（エナルク énarque と言う）である。

　グランド・ゼコールに入学するためには，バカロレア取得後にバカロレアよりはるかに難しい入学試験（競争試験）を突破しなければならない。そのため毎年約7万人の受験生がリセに特設された準備学級に登録し，そこで2年間の猛烈な受験勉強をする。有名なグランド・ゼコールとしては，前記「理工科学校」や「国立行政学院」のほか，シャルル・ペギー，ロマン・ロラン，サルトル，ボーヴォワールなど多くの文人・思想家や学者を生み出した，中・高等教育の教員養成を目的とする「高等師範学校」（1794年創立。1881年創立の「女子高等師範学校」は1986年に合併）などがある。これらは公立で，在学生には俸給が支給される。一方，商業系を主とした私立のグランド・ゼコー

ルもある。有名なのはパリ商工会議所付属の「高等商業専門学校」(H.E.C) である。毎年数千人の受験者がいるが、合格者は10%にも満たない。

教育の大衆化とエリート教育

　現在フランスにはグランド・ゼコールと呼ばれる専門職養成の学校、機関が数多くある。それぞれ特徴があり程度も異なるが、在学期間中（多くは3年）に徹底したエリート教育を受ける。そこの卒業生はフランスの政・官・民界で重要なポストに就き、エリートコースを歩む。実際、彼らの多くはエリートにふさわしい実力と知性と教養を備え、実社会においてその優れた力を十分に発揮していると言われている。とはいえ、高等教育の大衆化が進む一方で、グランド・ゼコールようなフランス独自の少数精鋭の教育制度と一部のテクノクラートが国を支配する仕組みに対して、従来から批判があることも付言しておこう。

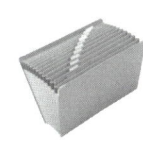

参考文献

フィリップ・アリエス『〈教育〉の誕生』（中内敏夫、森田伸子編訳、新評論、1983）、原田種雄他編『現代フランスの教育』（早稲田大学出版部、1988）。今日の義務教育事情（イギリス、フランス、ドイツ）について：下條美智彦『ヨーロッパの教育現場から』（春風社、2003）。グランド ゼコールについて：柏倉康夫『エリートのつくり方』（ちくま新書、1996）

2 フランスの家族事情 〜多様な結びつき

LA FAMILLE AUJOURD'HUI

　昔からフランス人は家族をとても大切にし，日常生活での家族の役割を非常に重要だと考えている。フランス人が家族に対して抱くイメージは，家族の者が集まって食卓を囲み，おいしい料理と会話を楽しむことであろう。実際，週末にレストランで，一家が集まって一緒に食事を楽しんでいる光景をよく見かけるし，ふだん親と離れて生活している大学生も週末を家族と一緒に過ごす人が多い。フランス人にとって家族とは，いわば暖炉であり，オアシスであり，心の支えなのである。なおフランス語で家族（あるいは家庭）を意味するファミーユ famille とは，少なくとも２人が同じ屋根の下で一緒に生活する集まりを言う。

変化する家族形態の背景

　１世代前と比べると，今日のフランスの家族や結婚あるいはカップルの形態は著しく変化している。まずその背景から考えてみよう。
　まず教育の普及，とくに女性の高等教育への進学が挙げられる。1965年〜1970年にかけて中学や高校で男女共学が一般的となり，また女子の就学期間も長くなった。1967年からバカロレアの女子合格率が男子のそれに追いつき，大学では1980年代から女子学生の方が多くなった。そして職業を持つことで経済的自立を望む女性が飛躍的に増え，今日ではほとんどの女性が結婚しても仕事をつづけている。
　家族あるいは若いカップルにとって，もうひとつの大きな変化は避妊

contraception である。カトリックの伝統の強いフランスは，避妊に関してより自由なイギリスやデンマーク，ノルウェー，スウェーデンなどプロテスタント系の諸国に比べてかなり遅れており，避妊が法律で認められたのは1967年，妊娠中絶（I.G.V.）が合法化されたのは1975年である。1982年には妊娠中絶費用が社会保障によって払い戻しされるようになった。日本では1999年にやっと承認されたピルであるが，今日のフランスでは女性の約60%が主にピル pilule により避妊を行なっている。こうして子どもを産むか産まないか，あるいはいつ産むのかの選択は，2人の合意あるいは女性の意志によってなされるのがふつうのこととなった。

戦後のフェミニズム運動

このような社会の変化には，戦後のフェミニズム運動が大きな貢献をしてきた。「人は女に生まれるのではない，女になるのだ」という一節でもよく知られる，シモーヌ・ド・ボーヴォワール（1908-1986）の『第二の性』（1949）に始まるフランス女性思想の活発な展開，そして1970年代の女性解放運動（M.L.F.）を中心とする一連の活動 ―たとえばシモーヌ・ド・ボーヴォワール，『悲しみよ今日は』（1954）で知られる作家フランソワーズ・サガン（1935-2004），女優のジャンヌ・モローやカトリーヌ・ドヌーヴなどを含む勇気ある有名無名のフランス人女性343人による闇中絶の告白と妊娠中絶の自由化を要求した1971年の宣言（Manifeste des 343）―である。

結婚による結びつき

今日では，19世紀以来の伝統的なブルジョア家庭像（男性は外で仕事，女性は家事と育児）はもちろん，1世代前までのフランス人の結婚に対する価値観もかなり崩れたと言ってよい。結婚の手続きをとらない新しい男女の結びつきも増えている。

結婚について言えば，結婚年令が1世代前よりも約5年遅くなったこと（2002年の平均で男性は30.4才，女性は28.3才），結婚が2人の共同生活のスタートではなく，それ以前に同居を始めているカップルが多いことである。

また結婚は何よりも誠実な愛に基づくものであり，愛のない結婚生活は意味がないと考える人々が多くなった。その結果，逆に結婚による男女の結びつきは以前よりも壊れやすいものとなり，今や3組のうち1組が離婚をしており，パリなど首都圏ではその比率がずっと高くなっている。結婚によるカップルは，1972年の41万7,000組を境に減少しつづけ，1995年には25万4,000組まで落ち込んだが，翌年の税制手直し（それまでは結婚の手続きをとらないユニオン・リーブルの方が結婚よりも税制面で有利となる矛盾があった）により結婚数が増え，2000年には30万5,385組が結婚している。しかしその後また減少し，2002年は28万6,320組となっている。（ちなみに日本では，2004年の結婚は約72万組，離婚は約27万組。）

フランスの結婚式

ところでフランスではフランス革命直後の1792年以来，結婚すなわち民事婚は，市町村の役所で市町村長あるいは助役によって執り行われる。新郎・新婦のほか双方の証人（最低2人，最高4人）が必要である。また結婚に際して，出生証明書と結婚前2ヶ月以内の婚前検診証明書を役所に提出する。面白いのは結婚式前の10日間，役所の掲示板に結婚予告が公示されることである。これはよその土地からの不法侵入者や重婚を防ぐ目的で行なわれていた中世の慣習（かつて婚約公示は40日間であった）の名残で全く形式的なものにすぎないが，この間に異議申し立てがなければ結婚できる。なお教会での結婚は民事婚の後であるが，今日それを行なうのは半数以下（2002年には40%）ということである。1965年には78%，1986年には56%であったから，結婚のもつ宗教的意味がかなり薄れてきたということであろう。

なお結婚祝いの贈物については，"リスト・ド・マリアージュ" liste de mariageという合理的なシステムがある。これは結婚する2人が自分たちの欲しい品物（食器や家電製品や室内装飾品など）を専門店やデパートに登録し，リストを作成する。親戚や親しい友人など贈り主はそのリストを見て，自分の予算に合った品物に順に印をつけるというものである。贈る側にとっては贈る品物に迷うこともないし，贈られる側にとっても記念となる贈物の品が重なることがなく，両者にとって有難い習慣ではないだろうか。

結婚式を終えた2人
区役所の前で

ユニオン・リーブル

　一方，結婚の手続きをとらないユニオン・リーブルunion libre（自由な結びつき）と呼ばれる，男女の新しい結びつきが増えている。証人2人を伴って役所に届け出れば，同棲証明書が発行される。1968年にはわずか31万4000組（2.8%）であったが，1990年には151万5組（10.6%），2000年には253万9000組（17.2%）にもなっている。現在では，法律的にも結婚によるカップルとほぼ同等の権利と義務を有する。

パックス

　またこれとは別に，1999年11月からパックス PACS（連帯の民事契約）と呼ばれる法律ができた。同一もしくは異なる性の2人の成人（ただし3親等間では不可）の間に結ばれる共同生活の契約で，居住地の小審裁判所（日本の簡易裁判所）に届け出る。これは契約を結んだ男女あるいは同性愛カップルにも社会的地位を認め，結婚に準じた権利を与えるものである。

　同等の権利は既にデンマーク（89年），ノルウェー（93年），スウェーデン（94年），オランダ（98年）で認められているが，カトリックの伝統が強い国では初めてである。フランスでは2002年に2万5000組，2003年に3万1000組，2005年に約6万組がこの契約を結んでいるが，その数はユニオン・リーブルに比べればはるかに少ない。

再婚家族

　また最近では，離婚して片親家庭となった男女が結びついて，それぞれの子どもと一緒に新しい家族を構成して生活する再婚家族（famille recomposée：再構成家族）が増え，全体の8%を占めている。なお片親家庭の多く（43%）は離婚によるもので，次いで独身（21%），寡婦・寡夫（20%）となっているが，親が女性の場合が多く，経済的に困難な家庭が多い。

多様な結びつき

　以上のような今日のフランスの家族や結婚あるいはカップルの形態を見てくると、半世紀前にはごく一部の知識人にしか歓迎されなかったシモーヌ・ド・ボーヴォワールとジャン＝ポール・サルトル（1905-80）との自由な結びつきも、今やふつうのこととして受け入れる時代に入ったと言うことができよう。デンマーク、ノルウェー、スウェーデンなど主にプロテスタント系のいくつかの西欧諸国に比べて遅れていたフランスでも、今日ようやく多様な男女の結びつきが可能になり、結婚という形はその多様な選択肢のひとつにすぎなくなっている。実際、たとえば2005年に生まれた80万人余の子どもの約半数（48.3％）が、いわゆる婚外子であり、最近公表された人口統計によると、2006年には婚外子の割合が50.5％と初めて半数を超えた。（ちなみに4半世紀前の1980年には15％弱であった。）またこれまで差別され抑圧されつづけてきた同性愛者には、パックスという契約によって同性同士の結びつきがやっと法的に認められる時代になったのである。

現代の家族像

　それではこのような家族やカップルの形態の変化あるいは多様化の中で、フランス人は家族をどのように位置付けているのだろうか。比較的最近の調査によると、フランス人の81％が家族を最も大切なものと考えており、87％の人々が生命を危険にさらしても家族を守ると答えている。昔と同じように、やはりファミーユ（家族・家庭）が一番なのである。ちなみにフランスの最近の合計特殊出生率（1人の女性が一生に産む子供の数）は、1990年には1.78と減少していたが、育児家庭に対するさまざまな公的支援もあり、2000年には1.90、2003年には1.91、2006年には2.0強と増加し、ヨーロッパではアイルランドを抜いてトップになった。（2002年の調査では、アイルランド2.0、イギリス1.6、ドイツ1.3、スペイン1.3、イタリア1.2となっていた。なお日本は2002年には1.32であったが、2003年から1.29に落ち込んでいる）。さらにフランス政府は、将来の人口維持のために必要とされる2.07の数値を目標に「3人っ子」優遇策を打ち出し、育児休業補償制度を充実させるなど、「家庭生活と職業生活を両立できる」政策に力を入れている。

今日の家族，カップル，結婚事情について報告したフランス在住の日本人ジャーナリストは，その著書の「おわりに」次のようなことを述べている。現代のフランス人が価値を置いているのは，やはり「家族」であり，愛であり誠実さである。ただ社会が変わり，家族は神話であることをやめたのである。そして問題は男と女と子どもの間でどのような絆を結びうるかということなのである。(浅野素女『フランス家族事情 ―男と女と子どもの風景―』)

参考文献
フランスの家族について：浅野素女『フランス家族事情 ―男と女と子どもの風景―』(岩波新書，1995)，ミュリエル・ジョリヴェ『フランス　新・男と女』(鳥取絹子訳，平凡社新書，2000)

Parfait...

3

フランスの宗教事情 〜カトリックは今？

MUTATIONS RELIGIEUSES

　　フランスでは1905年の政教分離法以来，公の場から宗教を排除し，その代わりに信教の自由を保障している。しかしフランスはローマ教皇から「カトリック教会の長女」と呼ばれたように，カトリックcatholiqueの伝統が強い国であり，かつてフランス人のほとんどはカトリックであった。今日でもフランス人のおよそ4人のうち3人はカトリックで，プロテスタントは2%弱にすぎない。キリスト教徒の他に，イスラム教徒やユダヤ教徒などがいる。また無宗教と答える人が20%近くいる。

カトリックの伝統と社会の変化

　　フランスでは，かつて人々の日常生活のリズムは，日曜日のミサを始めとする種々の宗教的行事に彩られていたし，各人の一生においてカトリック教会の役割と司祭の存在は非常に大きく重要なものであった。洗礼式や堅信式，結婚式や葬式など人生の重要な儀式だけではなく，個人や家庭で何か悩みや問題があるとき，人々は教会に赴いて祈り，司祭に告解し相談していた。また子どもたちに対しては，カテキスムcatéchisme（教理問答）という一種の宗教教育あるいは道徳教育を放課後に行なっていた。

　　しかし20世紀後半になって，カトリックのそうした状況は大きく変化する。たとえば1960年頃には10人のうち9人が幼児洗礼を受けていたが，現在（20世紀末）は2人に1人だけになっている。また日曜日のミサでも，およそ30年前には5人に1人が毎日曜日に通っていたが，現在はほぼ10人に1

人である。そうしたことから，クリスマスのような大きな宗教的行事は別としても，教会暦にもとづく祝祭日の意味をよく知らない若者も現れてきている。またフランスには約3万8000の小教区があるが，1人の司祭が複数の小教区を受け持たざるを得ないのが今日の状況で，パリでも廃墟化した教会がいくつもある。というのも1960年には4万人以上の司祭がいたが，今日はその数もおよそ2万人と半減したからである。

　フランスだけに限らないが，このような教会離れあるいは脱キリスト教化とも言える社会の変化をもたらした要因はいろいろ考えられる。都市化が促進され，かつての農村共同体的性格が失われたこと（現在，都市生活者が3分の2以上を占める），教育の普及および教育水準が高くなったこと，科学的・合理的な考え方が強くなったこと，マス・メディアを通じて社会の世俗化が急速に進んだことなどである。これらが重なり合って人々の生き方や行動や意識を大きく変えたことは否めない。

脱カトリック的傾向

　フランス社会の脱カトリック的傾向が顕著になり始める1960年代より以前は，「カトリックである」ことは個人の意志による選択ではなかった。多くの人々は，祖父母や両親あるいは隣人たちがカトリックという理由だけでカトリックであった。地域住民の多くは町や村の中心にある教会に赴いて祈り，カトリックのさまざまな儀式や宗教的行事（ミサ，礼拝行進，巡礼など）に皆と一緒に参加し，聖歌を歌い，祈りを捧げていた。つまりカトリック教会と司祭は地域社会の中で教育的にも道徳的にも社会的にも重要な役割を果たしていたのである。

　しかし今日では，「カトリックであること」つまり宗教とか宗旨の選択は個人的な事柄であるという考えが強くなっている。反対に，ローマ教皇の権威や司祭の影響力は弱くなり，宗教上の伝統も，政治的イデオロギーと同様，その力を失いつつある。これはフランス社会の都市化などに伴い，個人主義が人々の生き方や意識の中により強くなってきたためと思われる。かつて地域共同体の人々の多くが参加していた儀式や宗教的行事は人々の関心をそれほど引き付けない。実際，どの都市の大聖堂や町の教会を訪れても，信

者席で祈っている人は少なく，ときには観光客の方が目立つほどである。日曜日のミサでも，信者席の半分は空席で，残りの席も大半は年を取った人たちだけという教会が少なくない（機会があれば，信者でなくとも，教会のミサを信者席の外で静かに見学してみるとよい。通常30分余のミサがどのように行なわれるのかがよく分かる）。信者席が人々で一杯になるのは，特別の宗教儀式は別にして，夏のフェスティバル期間中に教会でコンサートが行われるときなどである。

カトリックとプロテスタント

たしかに今日でも，カトリック信者の多くは教会の長でカトリックの最高権威であるローマ教皇に対しても司祭に対しても尊敬の念を抱いている。とはいえ教皇および司祭の意見や忠告あるいは勧告も，人々の個人的な事柄に関してはあまり影響力を持たなくなっている。たとえばローマ教皇ヨハネ＝パウロ2世（在位1978-2005）つまりローマ・カトリック教会が離婚やピルや中絶に反対しても，それに拘束される人々は少ない。このような個人主義的な態度あるいはカトリックの儀式や伝統に対する無関心な態度は，プロテスタントのそれに似ているように思われる。

ところで16世紀，ドイツのルター（「95カ条の意見書」1517年）に始まる宗教改革により誕生したプロテスタント protestant について言えば，フランスでは16世紀後半にカトリック教徒とカルヴァン教徒（カトリック教徒からユグノーと蔑称された）との間に起こった悲惨な宗教戦争がナントの勅令（1598年）により一応の終止符が打たれ，制限つきでプロテスタントの自由が認められた。しかしこの勅令も，カトリックの信仰と一体となっていたルイ14世の絶対王権（ひとつの信仰，ひとつの法，ひとりの国王）によって1685年に全面的に破棄され，多数のプロテスタントが国外に亡命を余儀なくされた。

今日でもフランスのプロテスタントは約100万人で，人口の2％弱を占めるにすぎない。しかしこれまで学界でも多くのエリートを輩出し，経済界だけでなく政界でもシラクと大統領選を争ったジョスパン元首相（在位1997-2002）を含む3人が首相になるなど，フランス社会で重要な役割を果たしている。しかも今日のフランス社会でプロテスタントの影響力が次第に大

きくなってきている。それはより個人主義的になってきた人々の意識や生き方とともに、政治・経済面での新しい動き（地方分権化、市場経済など）が、カトリックよりもプロテスタント的価値観（個人の自由な判断と責任、世俗性、労働観など）に近いことと無関係ではないように思われる。

イスラム教とフランス社会

キリスト教以外では、ユダヤ教徒（0.6%）もいるが、それよりもはるかに数が多いのはイスラム教徒musulman（ミュズュルマン）である。1920年代にはわずか2万5000人ほどであったが、1950年代後半から旧植民地あるいは保護領であったイスラム教圏からの移民労働者が増大し、とくにアルジェリア戦争終結（1962）以降、北アフリカからの移民が急増する。今日ではフランスに住んでいるイスラム教徒の数はおよそ500万人である。しかしその半数近くはフランス国籍を持っていないと言われている。ともかくヨーロッパ最大のイスラム社会を抱える今日のフランスでは、イスラム教がカトリックに次いでフランス第2の宗教の地位を占めている。それだけに今やイスラム教徒の存在は無視することができず、現実にきわめて難しい問題も起こっている。

「スカーフ事件」

たとえば1989年にパリ郊外の公立中学校で起こった「スカーフ事件」（スカーフを脱がずに登校したイスラム教徒の女子生徒が校長により授業への出席を拒否された事件）である。校長の判断は、公的な施設でイスラム教のシンボルとも言えるスカーフを脱がないのはフランスの政教分離に反するというものであった。それに対して、スカーフをかぶるのは勧誘などの宗教的な活動にはならないし、校長の判断と措置は教育を受ける権利を蹂躙（じゅうりん）するという批判が出された。こうしてスカーフを認めることの是非（つまり政教分離と信教の自由の問題）をめぐってフランス国内で大きな論争となり、この事件と同じような事態が各地で起こる。

長い対立と議論の末、2004年春に法案（宗教シンボル禁止法）が成立した。これは公立小中高校の校内で宗教への帰属をこれみよがしに示す標章や

服装（女性イスラム教徒のスカーフや男性ユダヤ教徒のキッパ，大きな十字架など）を禁止する法律である。この法律は2004年秋の新学期から施行され，その後大きな混乱は起こっていないが，根本的な解決には至っていない。

カトリックは今？

　ところで最近の傾向として，150～200もあると言われている新興宗教のほかに，20～30年ほど前からオカルティズムや占星術や交霊術などが流行しており，そうした神秘的・超自然的な現象を信奉するオカルト術師や占い師の数は，一説にはおよそ5万人とも言われている。これがフランスだけに顕著な現象かどうかは分からないが，今日のフランス社会の中で，さまざまな不安を抱え，孤独に苦しみ，どこかに心の拠り所を求めている人々が増えていることだけは確かであろう。

　先述したとおり今日のフランス社会ではカトリック教会や司祭の役割も重要性も減少している。しかしフランス人の60％以上は神の存在を信じており，その割合は減っていない。また1980年代になると，カトリックの衰退現象にもブレーキがかかり，成人の受洗者が増加するなど最近少しずつ変化の兆しが出てきている。1996年には，フランク族の王クロヴィスのローマ・カトリック教への改宗・受洗から1500年を記念する式典がローマ教皇ヨハネ＝パウロ2世を迎えてランスで行なわれ，フランス中からおよそ20万人の信者たちが集まった。また翌1997年にローマ教皇が呼びかけた新しいカトリック運動（世界青年の日）には，フランス中から数十万人の若者が参加し，ブーローニュの森で盛大なミサが行われた。また2000年の「大聖年」もカトリックへの関心を引き起こしている。2005年4月に新しくローマ教皇となったベネディクト16世あるいはローマ・カトリック教会は，正義，平和，連帯，人権，自省といったキリスト教の持つ諸価値（これらは今日でもフランス社会の基盤であり，規範であり，理想ともなっている）をどのように発信していくのだろうか。

第 5 章 変わりゆくフランス社会

参考文献

フランスの宗教について：渡辺義愛「フランス人の精神生活と宗教」（『読む事典　フランス』所収），「市民生活」（『事典 現代のフランス（増補版）』所収）。

フランスにおける政教分離について：内藤正典『ヨーロッパとイスラーム』（岩波新書，2004）。現代フランスの移民について：ミュリエル・ジョリヴェ『移民と現代フランス』（鳥取絹子訳，集英社新書，2003）

Parfait...

Bienvenue en France

4 欧州連合の中のフランス

L'U.E. ET LA FRANCE

　今日ヨーロッパ（欧州）では，欧州連合（EU）（フランス語ではUE：Union Européenne）とその拡大，単一通貨ユーロ，欧州連合の憲法条約批准などの問題が話題となっている。そこでここでは，さまざまな民族，国家，言語，宗教などが複雑に入り込む複合体であるヨーロッパについて，欧州統合という観点から，統一体としてのヨーロッパの歴史を簡単に振り返ってみよう。

ヨーロッパ：一種のモザイク

　ヨーロッパという言葉がはじめて出てくるのはヘシオドスの『神統記』（紀元前8世紀）で，その中に「エウロペ」の名前が大洋の乙女のひとりとして登場する。（ギリシア神話では，フェニキアの王女エウロペは雄牛に化身したゼウスによってクレタ島に連れ去られる。）しかしそのヨーロッパは，地理的には今日のヨーロッパではない。古代ギリシアにあっては，その北に位置するヨーロッパは未知の野蛮な地域にすぎなかったようである。その地域がやがてひとつの文明圏として形成発展していくわけである。

　ところでアジアから見ると，地理的にはヨーロッパはユーラシア大陸の西部に位置し，大西洋からロシアのウラル山脈に広がる地域とその付属島からなる意外と小さな地域である。しかしその小さな地域の中に民族も言語も宗教もさまざまな40カ国以上の国々がひしめき合っている。そこで話される言語はおよそ43種類，書かれる文字も3種類あり（ローマ字，ギリシア文字，キリル文字〔ロシア語，ブルガリア語などのスラブ語諸語で用いられて

いる]），同じキリスト教にしてもカトリック，プロテスタント，ギリシア正教に分かれている。気候風土の違いとともに人々の風俗習慣が多種多様であることは言うまでもない。これらは過去の歴史の中で，民族間の移動や対立あるいは混交，国家間の度重なる戦争などによってできたもので，今日のヨーロッパは言わば一種のモザイクなのである。

文明統一体としてのヨーロッパ

　とはいえ，このような多様性の背後に，ヨーロッパの人々が共有してきた遺産，つまりヨーロッパ文明という統一性を認めることができる。それはまず古代ギリシア（アテネなどのポリス）で理想とされた民主制，および「ローマ法」として知られる古代ローマの進んだ法体系である。これらはヨーロッパ近代の国家観や政治観に大きな影響を与えている。ナポレオン法典などもローマ法を参考にしている。もうひとつはキリスト教である。ご存知のとおりキリスト教は初期に激しい迫害を受けたが，4世紀後半にローマ帝国が国教と認めて以来，たちまちヨーロッパの諸地域に広まり，あまねく様々な地域の人々の心を結びつける強い絆となる。中世期にあっては「キリスト教圏」と「ヨーロッパ」とは同義語であると言っても過言ではない。文化史的には，やがて中世末期からイタリアに始まるルネサンス期にギリシア・ラテンの古典文化・学芸の復興が積極的かつ強力に推し進められ，それら古代文化はキリスト教文化と相俟って，ヨーロッパの人々の共通財産として近代の芸術，思想，文学作品などに受け継がれていく。

ヨーロッパ統合の夢

　このようなヨーロッパの形成と発展の中で，ヨーロッパをひとつに統合しようという夢あるいは野心は古代にも中世にもあった。古代では西洋最大の帝国となったローマ帝国を例に挙げることができるし，800年に西ローマ皇帝として戴冠したシャルルマーニュ（カール大帝）のフランク王国も，ヨーロッパ統合の原型と見なされることがある。また近代においては，力による征圧と併合という点では，フランス皇帝ナポレオン1世（在位1804-1814）に

よるヨーロッパ統合の野心も挙げられるかもしれない。

しかし力や戦争ではなく平和と共存によるヨーロッパ統合の提唱は，20世紀を待たなければならない。第1次大戦後にクーデンホーフ＝カレルギ伯爵（1894-1972：日本人女性ミツコを母にもつオーストリアの外交官）は『汎ヨーロッパ』（1923）を著し，国家の枠にとらわれないヨーロッパ連邦の結成を提唱している。また第2次大戦後の1950年には，当時のフランス外相ロベール・シューマンが「シューマン宣言」（戦争の原因であるフランスとドイツの鉄と石炭資源を超国家機関によって共同管理するという内容）を発表し，それが欧州統合の出発点となるが，その起草者は当時のフランス計画庁長官ジャン・モネで，「欧州統合の父」とも言われている。

欧州連合（EU）の誕生

この「シューマン宣言」は翌1951年の欧州石炭鉄鋼共同体の設立（パリ条約）に結実し，1957年の欧州経済共同体の設立（ローマ条約）に発展する。そして10年後の1967年からは欧州共同体として拡大発展し，1993年には欧州連合条約（マーストリヒト条約）が発効し，欧州共同体から欧州連合（EU）となる。12カ国（フランス，ドイツ，イタリア，ベルギー，オランダ，ルクセンブルク，イギリス，アイルランド，デンマーク，ギリシア，スペイン，ポルトガル）でスタートした欧州連合であるが，1995年にはスウェーデン，フィンランド，オーストリアの3カ国が加盟して15カ国（約3億7千万人）となる。そして1999年に導入された単一通貨ユーロも2002年にはイギリス，デンマーク，スウェーデンを除く12カ国で流通を開始する。半世紀にわたるヨーロッパ統合の第1段階が連合という形でここに実現したのである。

EUの持つ意味

欧州連合に向けてフランスはドイツとともに推進役を果たしてきたが，その実現までに行われてきたアンケートによると，欧州連合に肯定的なフランス人が多く，60％以上の人々が連合はフランスにとって望ましいと考えている。具体的に何が望ましいのかという質問に対しては，平和（65％），単一通貨ユー

ロ (61%), 環境および自然保護 (33%), 産業 (33%), 交通・移動の自由 (26%), 教育 (20%) などである。また当然のことながら, フランスだけではなく欧州連合に加盟している国々の15～24才の若者 (約5000万人) はこのヨーロッパ統合の実現に大きな関心を持っている。それではこの若者たちにとって, 欧州連合は具体的にはどのような意味を持つのだろうか。ここではフランスで実施されている例を挙げながら, 欧州連合の持つ意義を考えてみよう。

外国語教育

まず学校での外国語学習である。現在フランスではコレージュ (中学) に入ると, 4年間で2つの外国語 (1年目に1つ, 3年目に1つ) を選択しなければならない。生徒たちの多くは, まず英語, 次いでスペイン語, ドイツ語など隣国の外国語を選択している。なお欧州連合の前段階として, 欧州共同体における諸言語の教育を振興させる目的で1989年に創設されたプログラム「リングァ」(ラテン語で言葉・言語の意味) では, 教員たちが外国に数年間滞在してそれぞれ自国の言葉を学校で教えている。

「エラスムス」

一方ヨーロッパの大学や研究機関で, 学生・教師の交流などを行なう「エラスムス」というプログラムが1987年に創設された。以来それを利用して毎年多くの学生が3ヶ月あるいは1年間を外国の大学で学んでいる。フランスでは2002～2003年度に約2万人の学生 (そのうち1万5000人は給費生) がイギリスやスペインやドイツで学んでいる。また1997～2001年に約1万4000人の教師がこのプログラムに参加している。12ヵ国で始まったこのプログラムも現在は30ヵ国が参加し, 2003年には留学生の数も累計100万人を超えた。(「エラスムス」という呼称は, ルネサンス期にヨーロッパ各地を訪れ, 学者たちと知的交流を行なったオランダの偉大なユマニストのエラスムス [1469頃-1536] に由来する。) 欧州連合の発足以降,「リングァ」や「エラスムス」を含めた「ソクラテス」と呼ばれる教育プログラムをはじめ, 欧州連合内での教育あるいは職業研修の交流を促進する企画が出され, 実行に移されてきている。

移動の自由

　また欧州パスポートを持つ人々にとっての大きなメリットは移動の自由である。とくに若者にとっての魅力は，原則として欧州連合諸国のどこででも自由に学ぶことができ，また働くことが可能になったことである。また単一通貨ユーロの誕生によって，ヨーロッパの統一市場は人だけではなく商品や資本やサービスの移動が自由になった。つまり欧州連合に加盟している諸国はひとつの連合体であり，実際上はもはや国境は存在しないと言っても過言ではない。

EU拡大の問題点

　さて1993年に発足し，1995年から15カ国（約3億7千万人）体制となっていた欧州連合（EU）は，およそ10年後の2004年に中東欧の10カ国（エストニア，ラトビア，リトアニア，ポーランド，チェコ，スロバキア，ハンガリー，スロベニア，マルタ，キプロス）が新たに加わり，合わせて25カ国（約4億5千万人）体制となった。人口は米国の1.6倍にも達する「大欧州」の誕

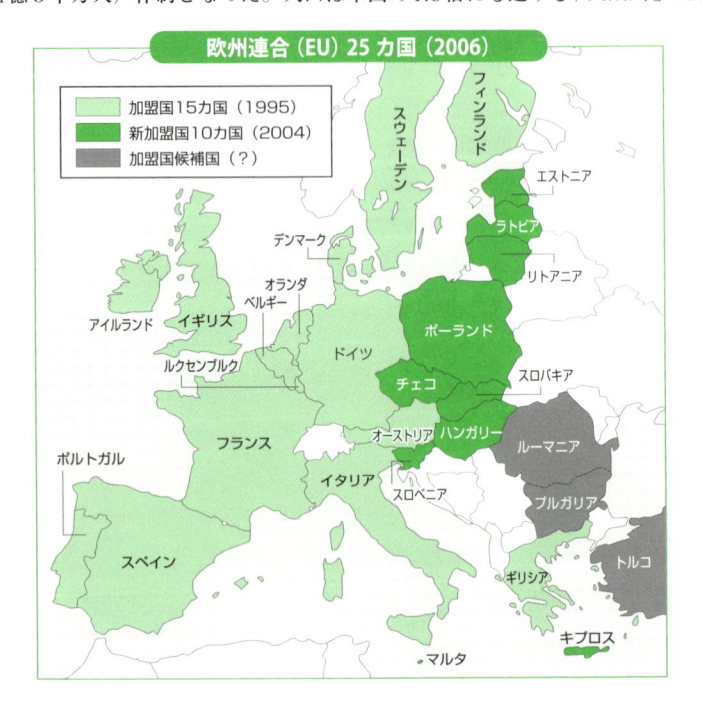

欧州連合（EU）25カ国（2006）

加盟国15カ国（1995）
新加盟国10カ国（2004）
加盟国候補国（？）

生である。この巨大市場により，さらなる経済発展が期待される。また一連のユーゴ紛争（1991-2000年）のような内戦や戦争を回避するために，平和で安定したヨーロッパの地域的秩序が期待されている。

　しかしこのEU拡大に問題がないわけではない。ひとつは，最初の加盟15カ国は経済体制や所得水準にそれほど大きな差はなかったのに対して，今回の新加盟10カ国には旧共産圏の国が多く，所得水準は相対的に低いという点である。つまり豊かな国と貧しい国が混在し，EU予算などに関してEU内部で対立が生じかねない点である。もうひとつは，2007年にルーマニアとブルガリアが，2013年にクロアチアが加盟したが，さらにトルコの加盟（加盟交渉は2005年にスタート）も視野に入っているという点である。とくに人口約7000万人の90％以上がイスラム教徒であるトルコの加盟は，欧州連合がイスラム世界を抱え込むか否かの問題となる。それはヨーロッパの境界線，つまりどこまでがヨーロッパなのかという問題ともつながる重要な課題となるであろう。

EUの未来

　今後この欧州連合が，経済レベルの問題だけではなく，たとえば国民国家の主権という政治レベルの問題をどのように解決していくのか，さらに文化レベルでは宗教の違いという高く厚い壁をどのように乗り越えていくのか，大いに注目される。ところで2004年10月に25カ国が調印し，既にスペインやドイツなど10カ国が批准を済ませたEU憲法条約（欧州連合の基本法）であるが，2005年5～6月にはその推進役であったフランスにつづいてオランダの国民投票でも否決され，条約発効の見通しを含めて拡大された欧州連合の今後の活動に大きな不安を与えている。さまざまな民族，国家，言語，宗教からなるヨーロッパがひとつに統合されて，人々が真の意味で「ヨーロッパ市民」となる日はがいつ来るのだろうか。

参考文献
欧州連合について：宮島喬，羽場久浘子編『ヨーロッパ統合のゆくえ』（人文書院，2001），宮島喬『ヨーロッパ市民の誕生』（岩波新書，2004）

欧州統合の歩み

1945	第2次大戦が終わる（1939～）
1950	「シューマン宣言」
1951	欧州石炭鉄鋼共同体の設立（パリ条約）
1957	欧州経済共同体の設立（ローマ条約）。加盟国は6カ国（フランス，西ドイツ，イタリア，ベルギー，オランダ，ルクセンブルク）
1967	欧州共同体（EC）となる
1973～	イギリス，アイルランド，デンマーク（1973年）；ギリシア（1981年）；スペイン，ポルトガル（1986年）が加盟。
1993	大ヨーロッパ市場ができる。マーストリヒト条約（1991.12）が発効し，欧州共同体から欧州連合（EU）となる
1995	スウェーデン，フィンランド，オーストリアが加盟。
1999	単一通貨ユーロ（euro）を導入。ユーロランド（当初イギリス，デンマーク，ギリシア，スウェーデンを除く11カ国。2001年にギリシアが加わり12カ国となる。）
2002	ユーロ（新紙幣・新硬貨）の流通開始
2004	中東欧の10カ国（エストニア，ラトビア，リトアニア，ポーランド，チェコ，スロバキア，ハンガリー，スロベニア，マルタ，キプロス）が加わり，欧州連合は25カ国となる。
2007～	EUにルーマニアとブルガリア（2007年），クロアチア（2013年）が加盟。（EUは28カ国となる。）
2007～	スロベニア（2007年），キプロスとマルタ（2008年），スロバキア（2009年），エストニア（2011年），ラトビア（2014年）がユーロを導入。（ユーロ圏は18カ国となる。）

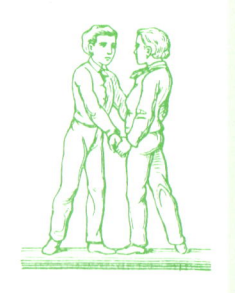

付　録

フランスの歴史（略年表）

B.C.900頃　ガリア（ゴール）の地にケルト人が移住
B.C.58　　カエサルのガリア征服（～B.C.51）

🍁ガロ＝ロマン期（B.C.1世紀～5世紀）

481　　クロヴィス［481-511］が即位→メロヴィング朝を創始（486）。キリスト教に改宗（496: ランスで受洗）

メロヴィング朝（486～751）

フランク王国の成立

カロリング朝（751～987）

800　　シャルルマーニュ（カール）大帝［768-814］，西ローマ皇帝として戴冠

843　　ヴェルダン条約によりフランク王国三分
　　　→西フランク王国（＝フランス）

9世紀　ゲルマンの一部族ノルマン人の侵入

カペー朝（987～1328）

987　　パリ伯ユーグ・カペーが国王に選出される。首都パリ
1066　ノルマンディー公ウィリアムのイングランド征服
　　　→イングランド：ノルマン朝（1066～1154）
1137　アリエノール・ダキテーヌ，仏王ルイ7世と結婚　→離婚
　　　→英王ヘンリー2世［1154-89］と再婚（1152）

🍁13世紀：王権強化の時代

フィリップ2世［1180-1223］，聖王ルイ9世［1226-70］，フィリップ4世美男王［1285-1314］など

🍁14～15世紀：不安と混乱と悲惨の時代

ヴァロワ朝（1328～1589）

1328　ヴァロワ家のフィリップ6世即位［-50］
1338　英仏間の百年戦争（～1453）
1429　ジャンヌ・ダルク出現（31: 焚刑）／シャルル7世［1422-61］，ランスで戴冠
1309　教皇のアヴィニョン在位（～77）

　　　　　　→教会の大分離（1378〜1417）
　1347　ペストの大流行（〜51）→人口減少・土地荒廃
　1453　百年戦争終結。東ローマ帝国崩壊
　　　　　ルイ11世［1461-83］，シャルル8世［1483-98］による王権拡大→ブルゴーニュ併合（1477），ブルターニュ併合（1532）
　1494　シャルル8世，ナポリ王国とミラノ公国の領有権を主張
　　　　　→イタリア戦争（〜1559）：イタリア文化に接する

@16世紀：ルネサンスと宗教改革；宗教戦争の時代

　1498　ルイ12世即位［1498-1515］
　1515　フランソワ1世［1515-47］とルネサンス：レオナルド・ダ・ヴィンチを招く（1516〜19:没）
　1533　アンリ2世［1547-59］とカトリーヌ・ド・メディシスとの結婚
　　　　　宗教改革：ルター（1517）
　　　　　→カルヴァン：ジュネーヴでの神裁政治（1541〜64）
　1562　宗教戦争（〜98）：聖バルテルミーの大虐殺（1572）
　ブルボン朝（1589/94〜1792; 1814〜1830）
　　　　　アンリ4世［1589/1594-1610］
　1598　ナントの勅令

@17世紀：ルイ14世の世紀

　1610　ルイ13世［1610-43］
　　　　　→王母マリ・ド・メディシスの摂政と宰相リシュリュー（1624〜42）
　1643　ルイ14世［1643-1715］：宰相マザランの執政（1463〜61）
　1682　宮廷がヴェルサイユに移る
　1685　ナントの勅令廃止

k18世紀：啓蒙の世紀（1751〜72:『百科全書』の刊行）

　　　　　ルイ15世［1715-74］→ルイ16世［1774-92］
　1789　フランス大革命（7.14）→人権宣言（8.26）

🌀 19〜20世紀：王政・帝政・共和制

第1共和制（1792〜1804）
　　　　大統領ナポレオン［1799-1804］

第1帝政（1804〜14）
　　　　皇帝ナポレオン1世

王政復古（1814〜30）
　　　　ルイ18世［1814-24］→シャルル10世［1824-30］
　　　　→7月革命（30.7）

7月王政（1830〜48）
　　　　オルレアン公ルイ＝フィリップ→2月革命（48.2）

第2共和制（1848〜52）
　　　　大統領ルイ＝ナポレオン

第2帝政（1852〜70）
　　　　皇帝ナポレオン3世
　　　　セーヌ県知事オスマンによるパリ大改造

1870　　普仏戦争（〜71）敗戦→アルザス・ロレーヌ割譲
1871　　パリ・コミューンの乱

第3共和制（1870〜1940）

1905　　政教分離法成立
1914　　第1次大戦（〜18）
　　　　→アルザス，ロレーヌ取り戻し
1939　　第2次大戦（〜45）
　　　　→ヴィシー政府（40〜44）
1944　　パリ解放（44.8）→ド・ゴール臨時政府（44〜46）

第4共和制（1946〜58）

1946　　インドシナ戦争始まる（〜54）
1954　　アルジェリア戦争始まる（〜62）
1956　　モロッコ，チュニジア独立（56）

第5共和制（1958〜）

1959　　（大統領）ド・ゴール［59-69］
1962　　アルジェリア独立
1968　　5月革命

1969	（大統領）ジョルジュ・ポンピドゥー［69-74］
	→ジスカール・デスタン［74-81］
	→フランソワ・ミッテラン［81-95］
	地方分権化とパリ改造計画の推進
1993	欧州共同体から欧州連合（EU）となる：12カ国（1993）
	→15カ国（1995）
	（大統領）ジャック・シラク［95-2007］
1999	単一通貨ユーロを導入→ユーロの流通開始（2002）
2004	中東欧の15カ国がEUに加盟（25カ国）
2007	ルーマニアとブルガリアがEUに加盟（27カ国）
	（大統領）ジャック・シラク→ニコラ・サルコジ［2007.5～］
2012	（大統領）ニコラ・サルコジ→フランソワ・オランド［2012.5～］
2013	クロアチアがEUに加盟（28カ国）

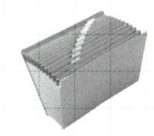

参考文献

フランス史の小規模な通史：柴田三千雄『フランス史10講』（岩波新書，2006）。

第2次世界大戦のフランス史（第4, 第5共和制）について：渡邊啓貴『フランス現代史』（中公新書，1998）がコンパクトな参考書。

参考書案内

　本書は同著者による『フランス語を話そう！フランスを知ろう！』(白水社，2000) を全面的に改訂し，内容を一新したものである。

　本書では各章で取り上げた項目の最後に若干の参考文献を挙げたが，重複するので，ここではそれらを省略した。

　そのほか本書を執筆するに当たって以下の文献を適宜参照した。いずれもフランスという国を知るときに，各章で挙げた参考文献とともに，必要に応じて随時参照してほしい基本文献である。

※　※　※

- 菅野・木村・高階・萩編『読む事典　フランス』三省堂，1990
- 清水徹・根本長兵衛監修『(読んで旅する世界の歴史と文化) フランス』新潮社，1993
- 新倉俊一他編『事典現代のフランス (増補版)』大修館，1997
  (以上の3書は，フランスの地理，歴史，政治，経済，文化，社会など，フランスという国を理解する上で必要な分野・事項を網羅している。)
- 田辺保編『フランス学を学ぶ人のために』世界思想社，1998
- 東京都立大学フランス文学研究室編『フランスを知る　新〈フランス〉学入門』法政大学出版局，2003
  (以上の2書は，フランスの歴史，言語，文学，思想，芸術，社会，日本とフランスなどの多様な分野について，〈フランス学〉という観点に立って論じている。)
- 小林善彦『フランス学入門』白水社，1991 (フランスの地理，政治，言語，宗教，教育などを取り上げ，フランスとフランス人の特徴を平易な語り口で説いている。)
- 西永良成『変貌するフランス ―個人・社会・国家』NHKブックス，1998 (今日のフランスの社会と文化の諸相を，主に文学や思想を手がかりに捉えなおしている。)
- 草場安子『現代フランス情報辞典 (改訂版)』大修館，2003
  (現代フランスの社会を知るための情報を，キーワードの形でコンパクトにまとめた辞典)

付　録

- 三浦信孝，西山教行編著『現代フランス社会を知るための62章』明石書店，2010
- 朝比奈美智子，横山安由美編著『フランス文化55のキーワード』ミネルヴァ書房，2011
（以上の2書は，フランスの社会と文化を知るためのキーワードを選び，事典的に記述している。）

フランス語の旅行案内書としてミシュラン社の〈ミシュラン・グリーンガイド〉がある。各地方の風土や歴史や文化，パリをはじめフランスの各都市について，かなり詳しい説明がある。その日本語版がいくつか出版されたが，現在は品切れ，重版未定ということである。（『フランス』，『パリ』，『パリ周辺——イール・ド・フランス』，『プロヴァンス』，『ロワールの城』，実業之日本社，1991-1993）

＊　＊　＊

フランス語で書かれたコンパクトな「フランス入門」書も2冊紹介しておく。
- Guy MICHAUD et Alain KIMMEL, *Le Nouveau Guide France*, Hachette, 1996（『新フランス案内』：地理，歴史，文化，政治，経済，社会に関するガイドブック）
- Roselyne ROESCH et Rosalba ROLLE-HAROLD, *La France au quotidien*, 2ᵉ édition, Presses Universitaires de Grenoble, 2004（『日常のフランス』：生活暦，衣食住，仕事と余暇，教育等について，外国人向けに書かれたフランス紹介）

＊　＊　＊

統計・資料等については，煩雑さを避けていちいち出典を記さなかったが，上記の『日常のフランス』および下記の『フランコスコピー』のほか，フランス年鑑『クィッド（*Quid*）』など，主にフランス語で書かれた文献・資料・雑誌記事を参照した。
- Gérard MERMET, *Francoscopie (2001, 2003, 2005, 2007)*, Larousse（『フランコスコピー』：統計・資料を中心にフランス社会の動向を分かりやすく解説している。2年ごとに出版）

最後に，多くの写真の掲載を許可してくれたフランス政府観光局にお礼申し上げる。

Bienvenue en France　**175**

著者紹介

斎藤　広信（さいとう　ひろのぶ）
日本女子大学名誉教授
著書：『フランスの文学』（共著，有斐閣）
　　　『フランス語を話そう！フランスを知ろう！』（共著，白水社）他

ベルナール・レウルス（Bernard Leurs）
日本女子大学名誉教授
著書：『フランス語を話そう！フランスを知ろう！』（共著，白水社）
　　　『変貌するフランス』（共編，白水社）他

装丁・本文デザイン　小熊未央
組　　版　　Apple and Honney
写真提供　　フランス政府観光局
　　　　　　Sumiyo IDA
　　　　　　斎藤広信
　　　　　　平松花梨
イラスト　　Marie-Emmanuelle MURAMATSU

もっと知りたいフランス
―歴史と文化を旅する5章―

2006. 5. 30　初版第1刷発行
2023. 7. 15　第2版5刷発行

発行者　上野名保子

〒101-0062　東京都千代田区神田駿河台3の7
電話　03(3291)1676　　FAX　03(3291)1675
発行所　振替　00190-3-56669　株式会社　駿河台出版社
E-mail: info@e-surugadai.com
http://www.e-surugadai.com

ISBN 978-4-411-00384-3　C0020　¥2300E

PARIS

- PORTE DE
- Cimetière de
- PORTE DE CHAMPERRET
- La Grand Arche
- La Défense
- Parc Monceau
- Gare St. Lazare
- PORTE DE NEUILLY
- Bois de Boulogne
- Arc de Triomphe
- Rue du Faubourg St. Honoré
- Opéra
- Place de l'Étoile (Place Charles-de-Gaulle)
- Madelaine
- Place de Vendôme
- Av. Victor Hugo
- Champs Elysées
- Jeu de Paume
- Place de la Concorde
- Palais de Chaillot
- Jardin des Tuileries
- Orangerie
- Trocadéro
- Palais Bourbon
- Tour Eiffel
- Musée d'Orsay
- Champ de Mars
- Hôtel des Invalides
- Église St-Ge
- École Militaire
- PORTE DE ST. CLOUD
- U.N.E.S.C.O.
- Rue de Rennes
- Palais du Lux
- Jardin du Luxemb
- Pont Mirabeau
- Tour Montparnasse
- Bd. du Montparnasse
- Gare Montparnasse
- Cimetière du Montparnasse
- MONTPAR
- PORTE DE VERSAILLES
- PORTE DE CHÂTILLON
- PORTE D'ORLÉANS
- Cité Universi